SCHALOM ALEIKUM REPORT

WAS DEUTSCHLAND ÜBER DEN JÜDISCH-MUSLIMISCHEN DIALOG DENKT

Gefördert von:

Die Beauftragte der Bundesregierung für Migration, Flüchtlinge und Integration

SCHALOM ALEIKUM REPORT

WAS DEUTSCHLAND ÜBER DEN JÜDISCH-MUSLIMISCHEN DIALOG DENKT

SCHALOM ALEIKUM
Jüdisch-Muslimischer Dialog

ZENTRALRAT DER JUDEN IN DEUTSCHLAND

HENTRICH & HENTRICH

Schalom Aleikum Buchreihe

Band V

Ein Projekt des:

ZENTRALRAT DER JUDEN
IN DEUTSCHLAND

IMPRESSUM

Die Deutsche Nationalbibliothek verzeichnet diese Publikation
in der Deutschen Nationalbibliografie; detaillierten Daten sind im Internet
über httpps://portal.dnb.de/ abrufbar.

Zentralrat der Juden in Deutschland K.d.ö.R. (Hrsg.)
Geschäftsführer Zentralrat der Juden: Daniel Botmann
Projektleiter „Schalom Aleikum": Dr. Dmitrij Belkin
Wissenschaftliche Betreuung: Oleg Pronitschew
Wissenschaftliche Begleitung: forsa. Gesellschaft für Sozialforschung
und statistische Analysen mbH
Redaktionelle Arbeit: Seda Colak, Elisabeth Linek und Stephanie Niedenhoff
Infografiken und Diagramme: Studio Nils Fischer
Grafisches Konzept und Gestaltung: Gudrun Hommers

Druck: Westermann Druck Zwickau
Hentrich & Hentrich Verlag Berlin Leipzig
Inh. Dr. Nora Pester
Gerichtsweg 28, 04103 Leipzig
info@hentrichhentrich.de
http://www.hentrichhentrich.de

1. Auflage 2021

Printed in Germany
ISBN 978-3-95565-504-4

INHALTSVERZEICHNIS

Die Beauftragte der Bundesregierung für Migration, Flüchtlinge und Integration Staatsministerin Annette Widmann-Mauz

Grußwort für das Buch „Schalom Aleikum Report“

Liebe Leserinnen und Leser,

der Zentralrat der Juden in Deutschland und ich haben 2019 das Projekt „Schalom Aleikum“ gestartet. Wir wollen den jüdisch-muslimischen Dialog und ein respektvolles, tolerantes Miteinander in unserem Land stärken. Und wir wollen damit die Uhr anhalten: Denn alle vier Stunden gibt es eine antisemitische, alle neun Stunden eine islamfeindliche Straftat – und das sind nur die bei Polizei und Bundeskriminalamt registrierten Taten.

Wie können wir unsere Gesellschaft resilient gegen diesen Hass und stark für ein friedliches Miteinander machen? Wie können Juden und Muslime gemeinsam dazu beitragen, welche Unterstützung brauchen sie und was kann jede und jeder Einzelne von uns dafür tun?

„Schalom Aleikum“ arbeitet mit Herzblut an diesen Fragestellungen und an neuen Antworten. Im Mittelpunkt stehen kreative und kluge Dialogformate – mit Juden und Muslimen, in Ost und West, offline und online. Ins Gespräch kommen z.B. jüdische und muslimische

Beauftragte der Bundesregierung für Migration, Flüchtlinge und Integration/Chaperon

Unternehmerinnen, Senioren, Lehrkräfte, Schülerinnen oder Studenten, damit sie einander kennenlernen, voneinander lernen und Gemeinsamkeiten teilen, statt Trennendes zu zementieren.

Diese wertvolle Projektarbeit hat „Schalom Aleikum“ bisher in vier spannenden Büchern vorgestellt. Jetzt folgt der „Schalom Aleikum Report“. Der Report wertet die Meinungsumfragen aus, an denen sich die Teilnehmerinnen und Teilnehmer des Projekts während der vergangenen zweieinhalb Jahre beteiligt haben, flankiert durch eine Bevölkerungsbefragung durch Forsa.

Ergründet wird, wie Juden, Muslime und die gesamte Bevölkerung das Zusammenleben in Deutschland wahrnehmen und was sie über die religiöse Vielfalt denken. Der „Schalom Aleikum Report" zeichnet ein aufschlussreiches Stimmungsbild. Er zeigt dabei einmal mehr: Antisemitismus, Muslimfeindlichkeit und gruppenbezogene Menschenfeindlichkeit reichen leider noch immer tief in unsere Gesellschaft hinein. Alle vier Stunden, alle neun Stunden: ob unbewusst, unwissend oder in voller Absicht werden Menschen in unserem Land abgewertet, ausgeschlossen und angegriffen. Und viel zu selten stellt sich jemand an ihre Seite, ergreift Partei und leistet lautstark Widerspruch gegen offensichtliches Unrecht.

Aufrütteln muss auch der Befund, dass viele Betroffene Hass und Diskriminierung im Stillen erdulden und darunter leiden. Zu wenig wird die Unterstützung von Opferberatungsstellen gesucht, nicht immer Anzeige bei der Polizei gestellt. Deshalb habe ich mich als Staatsministerin für Integration für ein bundesweites Beratungszentrum gegen Rassismus, Antisemitismus und gruppenbezogene Menschenfeindlichkeit starkgemacht. Es wird zeitnah seine Arbeit aufnehmen – mit einem Hilfetelefon, das deutschlandweit und rund um die Uhr für Betroffene und ihre Angehörigen da ist. Zugleich werden die Beratungsfälle wissenschaftlich ausgewertet, um mehr Licht in das Dunkel extremistischer Bedrohungen zu bringen und konsequent dagegen vorzugehen.

Ich freue mich sehr, dass „Schalom Aleikum" mit seinem Report ebenfalls zu mehr Transparenz über die Einstellungen gegenüber jüdischen und muslimischen Bürgerinnen und Bürgern beiträgt. Dabei stellen wir einmal mehr fest: Aufklärung, Bildung und Interesse füreinander formen das Fundament einer offenen und vielfältigen Gesellschaft. Darauf aufbauend sorgen Begegnung und Verständigung dafür, dass dieses Fundament stark und tragfähig bleibt. Dabei kann uns zuversichtlich stimmen, dass die große Mehrheit in unserem Land Antisemitismus, Muslimfeindlichkeit und jede Form von Menschenfeindlichkeit als Gefahr für das Klima in unserer Gesellschaft betrachtet. Nur gemeinsam können wir die Übergriffe im Stundentakt stoppen und die Uhren in unserem Land auf Zusammenhalt stellen.

Ich danke dem Team von „Schalom Aleikum" und dem Zentralrat der Juden in Deutschland für das herausragende Engagement für eine Gesellschaft, in der wir auch über Religionsgrenzen hinweg Vielfalt leben, fördern und wertschätzen.

Allen Leserinnen und Lesern wünsche ich eine interessante Lektüre!

Ihre Annette Widmann-Mauz

Grußwort des Präsidenten des Zentralrats der Juden in Deutschland Dr. Josef Schuster

Zum Buch: „Schalom Aleikum Report. Was Deutschland über den jüdisch-muslimischen Dialog denkt."

Zentralrat der Juden in Deutschland/Thomas Lohnes

Liebe Leserinnen, liebe Leser,

seit mehr als zwei Jahren engagieren wir uns als Zentralrat der Juden in Deutschland mit dem Vorhaben „Schalom Aleikum" für den jüdisch-muslimischen Dialog. Ein Anliegen, das uns alle betrifft. Die Intention dahinter ist, Juden und Muslime in Deutschland einander näherzubringen und präventiv gegen Antisemitismus vorzugehen.

In Einzelgesprächen betonen Jüdinnen und Juden immer wieder einen zunehmenden Antisemitismus durch Muslime. Ebenso notieren wir eine wachsende Feindseligkeit gegenüber Musliminnen und Muslimen in der deutschen Gesellschaft. Es entsteht eine Spirale des Hasses und der Gewalt. Hinzu kommt, dass bestimmte Parteien versuchen, Minderheiten gegeneinander auszuspielen. Langfristig möchten wir durch Prävention Antisemitismus unter Muslimen bekämpfen. Doch auch Extremisten, von links bis rechts, soll das Fundament für eine juden- und muslimfeindliche Agitation entzogen werden.

An dieser Stelle schreitet unser Projekt „Schalom Aleikum“ mit friedlichen und dialogischen Methoden ein.

Während seiner Laufzeit sammelte „Schalom Aleikum“ Stimmen mitten aus der deutschen Gesellschaft und analysierte sie anschließend. Nun werden die Ergebnisse im fünften Band der „Schalom Aleikum“-Buchreihe unter dem Titel „Schalom Aleikum Report“ präsentiert. Es sind Zahlen und Statistiken, die uns nachdenklich stimmen – manche optimistisch, manche ambivalent, einige pessimistisch. Augenscheinlich stehen viele Befragte Juden und Muslimen positiv gegenüber. Sie begrüßen den Dialog und erachten ihn als wichtig. Dennoch gibt es auch Probleme, die benannt werden müssen. Antisemitische Vorurteile sind weit verbreitet und zugleich sind die Diskriminierungserfahrungen bei Juden sowie Muslimen mitunter erheblich größer als in der deutschen Durchschnittsbevölkerung. Für die Befragten erschweren es auch Themen wie der Nahostkonflikt, im jüdisch-muslimischen Dialog zueinander zu finden.

Dies bestätigen leider gesellschaftliche Ereignisse, die sich zeitlich parallel zum Forschungsverlauf ereigneten. Im Mai 2021 erlebten Jüdinnen und Juden in der ganzen Welt, auch in Deutschland, eine Welle von antisemitischen Anfeindungen angesichts der Eskalation in Israel und in den palästinensischen Gebieten. Ähnliche Bilder haben wir schon 2014 zu Gesicht bekommen – auch damals verursachten sie eine Kluft in den jüdisch-muslimischen Beziehungen. Nichts ist besser geworden und es stellt sich die Frage: Wird sich das gesellschaftliche Klima ändern? Und noch viel wichtiger: Was soll dafür getan werden?

Wir alle sind uns einig, und das zeigen auch die Umfragewerte von „Schalom Aleikum“, dass Bildung und Aufklärung die wichtigsten Bausteine im Kampf gegen Antisemitismus und Muslimfeindlichkeit sind. Mangelndes Wissen vor allem über eine Minderheit führt zu Vorurteilen, die von Generation zu Generation weitergetragen werden. Wissensvermittlung, Sensibilisierung und Begegnungen können diese Kette durchbrechen und Vertrauen neu aufbauen. Bis wir an den Punkt kommen, an dem wir sagen können: „Wir haben es geschafft! Wir sind eine tolerante und inklusive Gesellschaft!“, müssen wir noch einen langen Weg mit Höhen und Tiefen gehen. Selbstreflexion und Geduld sind ein Teil des Prozesses. Aber eins dürfen wir ganz bestimmt nicht: Aufgeben!

Ich hoffe, dass dieses Buch hilft, ein realitätstreues Bild von der deutschen Gesellschaft im Hier und Jetzt zu erhalten – in all seinen positiven wie auch negativen Facetten. Meine Hoffnung ist auch, dass in Zukunft die Menschen offen, respektvoll und voller Neugierde miteinander umgehen und aufeinander zugehen. Projekte wie „Schalom Aleikum“ öffnen hierfür ein Tor und laden Jüdinnen und Juden sowie Musliminnen und Muslime dazu ein, gemeinsam in einen friedlichen Dialog zu treten – ein wichtiger Impulsgeber für beide Communities.

Ich wende mich auch an Sie, liebe Leserinnen und Leser, sich nicht gegen Neues und Unbekanntes zu verschließen, sondern Vertrauen zu schenken.

Der Beauftragten der Bundesregierung für Migration, Flüchtlinge und Integration, Staatsministerin Annette Widmann-Mauz, danke ich einmal mehr herzlich dafür, dass sie das Projekt „Schalom Aleikum" kontinuierlich fördernd unterstützt.

Dr. Josef Schuster
Präsident des Zentralrats der Juden in Deutschland

Daniel Botmann
Geschäftsführer
Zentralrat der Juden

Dr. Dmitrij Belkin
Projektleiter
»Schalom Aleikum«

„Schalom Aleikum Report“: Warum betrifft der jüdisch-muslimische Dialog die ganze Gesellschaft? Und warum lohnt es sich, dies wissenschaftlich zu betrachten?

Dem fünften Buch der „Schalom Aleikum“-Reihe liegt eine statistische Datensammlung zu einem komplexen, vielschichtigen Vorhaben namens „jüdisch-muslimischer Dialog in Deutschland“ zugrunde.

Zweieinhalb Jahre hat der Zentralrat der Juden in Deutschland in diesem Bereich sozialwissenschaftlich geforscht und empirische Daten erhoben. Das Novum dabei ist: Ein Akteur, der selbst Dialog betreibt, erforscht diesen gleichzeitig unter Einbeziehung von Experten. Wir blieben, auch im soziologischen Bereich, kontinuierlich „dran“.

Es ist eine strategische Notwendigkeit, die zwischenmenschliche Begegnungsebene des Dialogs mit einem analytischen Level zu kombinieren. Beides, so unsere Intention, sollte einander ergänzen. Diese Strategie ist aufgegangen. So entstand hier ein erstes derartig zusammengestelltes Konvolut an Daten zu jüdisch-muslimischem Dialog in Deutschland – geboren aus der unmittelbaren Dialogpraxis.

Vielfach konnte bisher nur auf Gefühlslagen und Mutmaßungen (von politisch bis ideologisch gefärbt) zurückgegriffen werden, wenn über jüdisch-muslimischen Dialog gesprochen wurde. Nun kann auf der Grundlage dieser gesellschaftlich-analytischen Forschungsarbeit der Dialog auch empirisch erfasst werden.

Im Folgenden werden hieraus sowohl politisch-gesellschaftliche als auch wissenschaftliche Schlüsse gezogen oder weitergehende Forschungen angestoßen. Es war uns wichtig, mit unserer 30-monatigen Forschung einen Auftakt zu setzen.

Der jüdisch-muslimische Dialog kann fortan zielgerichtet und effektiv weiterentwickelt werden.

Doch wie ist ein Kontinuum des jüdisch-muslimischen Dialogs hierzulande in Zahlen zu fassen und wohin führen die im „Schalom Aleikum Report" präsentierten Daten und Tendenzen?

Diese Frage bringt uns zum Beginn des Projekts „Schalom Aleikum" und unserer ursprünglichen Intention, die bis heute gilt: Wir wollten Juden und Muslime paritätisch in ihren gesellschaftlichen und sozialen Rollen und jenseits der jeweiligen Funktionärsebene zusammenbringen. Dadurch, so unsere Überzeugung, ist die Prävention von Antisemitismus unter Muslimen am besten zu gestalten.

Wir haben bereits in einer frühen Projektphase realisiert, dass wir bei „Schalom Aleikum" nicht ausschließlich mit diesen zwei wichtigen Minderheiten, Muslimen und Juden, und ihrem komplexen Verhältnis zueinander zu tun haben.

De facto ist „Schalom Aleikum" ein Vorhaben, das in der Mitte der deutschen Gesellschaft angesiedelt ist.

Die Dialogdiskurse, die wir kontinuierlich, digital und analog, führen, stehen nicht zuletzt für gesamtgesellschaftliche Denk- und Handlungsweisen. Einerseits, weil Jüdinnen und Juden sowie Musliminnen und Muslime ein unentbehrlicher Teil dieser Gesellschaft sind. Andererseits, weil viele Nicht-Juden und Nicht-Muslime Teil dieser Diskurse sein wollen. Vertreterinnen und Vertreter der Gesamtgesellschaft meldeten sich sowohl bei Veranstaltungen und unseren Umfragen als auch im Netz zu Wort.

Leider gibt es zahlreiche Vorurteile über die beiden Gruppen innerhalb der Gesamtgesellschaft. Trotz der vielen, zum Teil erheblichen, Differenzen zwischen Juden und Muslimen, fällt hingegen ihre gegenseitige Wahrnehmung positiver aus als zunächst anzunehmen war.

Die Daten aus unseren Studien belegen, dass sowohl Juden als auch Muslime auf das Tragen religiöser Symbole häufig bewusst verzichten, um mögliche Diskriminierungen zu vermeiden.

Der Nahostkonflikt wird als Hauptgrund für den Antisemitismus unter Muslimen genannt. Das bestätigte sich mehrmals bei antisemitischen Vorkommnissen, die sich während der Projektlaufzeit ereigneten. Zuletzt wurde im Mai 2021 der offene, aggressive Antisemitismus auf deutschen Straßen als eine „Unterstützung der palästinensischen Sache" getarnt.

Die Erkenntnisse aus unseren Erhebungen unterstreichen erneut, dass der Nahostkonflikt auch generell antisemitische Einstellungen in der Gesamtbevölkerung befördert.

Die hier vorgelegte statistische Datensammlung von „Schalom Aleikum" macht aber auch Hoffnungen. Das Jahr 2021 war für Schalom Aleikum methodisch und thematisch ein Bildungsjahr. Workshops, Bücher, Treffen, junge Menschen im Projektumfeld, Kommunikationen, Vernetzungen – wir haben uns gezielt auf den Bereich „Bildung" fokussiert. Den Antrieb, ein Jahr überwiegend dem Bildungsbereich zu widmen, resultiert auch aus Auswertungen unserer Umfragen, die in diesem Buch zusammengetragen sind. Immer wieder nannten Befragte gerade Bildungsprojekte als wesentliches Mittel für die Verbesserung des jüdisch-muslimischen Dialogs sowie für den Kampf gegen Antisemitismus. Schulen sind keine „Tat- oder Kampforte", vielmehr sind und bleiben Schulen und andere Bildungsorte ein Kosmos der Aufklärung, der Erziehung, des Wissens und der Kommunikation.

Die Umfragen vermelden deutlich – es gibt in diesem Bereich noch viel zu tun. Im Bildungssektor wird künftig ein größerer Schwerpunkt auf Dialog und den Abbau des Antisemitismus zu legen sein.

Als nächsten Schritt planen wir, neben weiteren quantitativen Umfragen auch vermehrt auf qualitative Interviews mit den Akteurinnen und Akteuren des Dialogs zu setzen. Die in den ersten fünf Büchern der Projektreihe geschaffene Verbindung vom Subjektiven (Porträts jüdischer und muslimischer Protagonisten der Begegnungen) und Empirischen (die Datensammlung in diesem Band) soll somit innovativ ausgebaut werden.

Zudem streben wir Synergieeffekte an. Erkenntnisse aus der 2020 vom Zentralrat der Juden in Deutschland veröffentlichten Studie „Gemeindebarometer – Ergebnisse einer Befragung unter Jüdinnen und Juden in Deutschland" (2020) sollen ebenfalls in die hiesigen Untersuchungen einfließen.

Die Ergebnisse der „Schalom Aleikum"-Umfragen – der hier vorgelegten sowie der künftigen – sollen aber auch einen Weg in die politische und gesellschaftliche Debatte finden.

Unser Dank gilt an erster Stelle allen Personen – und es waren nicht wenige – die in den letzten zweieinhalb Jahren an unseren Befragungen teilnahmen. Ohne ihr Vertrauen, ihre Investition von Zeit, Geduld und Überlegungen wäre die Durchführung dieses Projektes und letztlich des jüdisch-muslimischen Dialogs nicht möglich.

Wir danken allen an diesem Buchprojekt beteiligten Teammitgliedern von „Schalom Aleikum". Für die nachhaltige wissenschaftliche Begleitung danken wir der Forsa Gesellschaft für Sozialforschung und statistische Analysen. Seit Mitte 2019 sind sie ein verlässlicher Partner, der wesentlich zum Gelingen unserer Forschung beitrug.

Die erfolgreiche Zusammenarbeit mit dem Verlag Hentrich & Hentrich ermöglichte die Erstellung von fünf Bänden „Schalom Aleikum", die in der bisherigen Projektlaufzeit veröffentlicht wurden.

Diese fünf Bücher sind nun in einem kompakten Schuber als eine Einheit erhältlich. Weitere Veröffentlichungen folgen.

Wir wünschen Ihnen eine interessante, aufmerksame Lektüre, hoffen auf einen bleibenden Eindruck und ein thematisches und dialogisches Wiedersehen bei „Schalom Aleikum"!

Prof. Manfred Güllner

Gründer und Geschäftsführer von forsa. Gesellschaft für Sozialforschung und statistische Analysen mbH

Vorwort

Nachdem der erste Versuch, die Demokratie in Deutschland zu etablieren, in der Weimarer Republik nicht kläglich, sondern katastrophal gescheitert war, konnte nach dem Zusammenbruch des Nationalsozialismus in den westlichen Zonen des Landes damit begonnen werden, einen zweiten Versuch zu wagen, um Deutschland zu einem demokratischen Staat zu machen. In einem mühsamen Prozess ist es dann gelungen, in der alten Bundesrepublik die Demokratie als Regierungs- und Gesellschaftssystem zu etablieren.

Im Verlauf dieses Demokratisierungsprozesses konnte auch die empirische Sozialforschung wieder ihre Arbeit in Deutschland aufnehmen, nachdem die Machtübernahme der Nationalsozialisten 1933 auch der Tod der Empirie in Deutschland war. Über 300 überwiegend jüdische Forscher mussten nach 1933 und nach 1938 nach der Annexion Österreichs das Land verlassen. Die Vereinigten Staaten von Amerika hatten dann schon unmittelbar nach dem Kriegsende in den West-Zonen damit begonnen, mithilfe empirischer Forschung auszuloten, wie stark nationalsozialistisches Gedankengut noch in den Köpfen der Deutschen verankert war. Die sich an Hochschulen und in privatwirtschaftlich organisierten Instituten wieder entwickelnde Sozialforschung in Deutschland sah in Fortführung dieser Forschung der US-Behörden eine ihrer wichtigsten Aufgaben von Anfang an darin, den Prozess der Demokratisierung des Landes zu begleiten und dabei auch regelmäßig zu beobachten, wie anfällig Teile der Gesellschaft für rechtsradikales und damit zum großen Teil korrespondierend auch antisemitisches Gedankengut waren.

Wie wichtig eine solche kontinuierliche Beobachtung ist, zeigt der Anstieg rechtsextremer und antisemitischer Ausschreitungen und Gewalttaten in den letzten Jahren. Zwar kann man offenen Antisemitismus wie auch die Leugnung des Holocausts durch in Gesetzen verankerte Strafandrohungen eindämmen. Doch eine Verharmlosung oder Verdrängung des Holocausts kann per Gesetz nur bedingt bekämpft werden. Und auch die Ausbreitung eines gedanklichen Nährbodens, aus dem sich Gewalttaten entwickeln können, ist durch bloße Gesetze nicht zu verhindern. Das zeigt die Alternative für Deutschland (AfD), die ihre demokratische Legitimation als Partei im Bundestag dafür nutzt, ungehindert völkisches und chauvinistisches Gedankengut zu verbreiten.

Völkisches Denken, Rassismus und Antisemitismus müssen auch durch permanente Information und Aufklärung bekämpft und eingedämmt werden. Denjenigen, die für rechtsradikales und antisemitisches Gedankengut anfällig sind, muss zudem klar gemacht werden, dass sie nicht die Mehrheit des Volkes, sondern nur eine radikale Minderheit vertreten.

Wichtig sind deshalb, dass immer wieder – wie jetzt mit dem Zentralrat der Juden in Deutschland und seinem jüdisch-muslimischen Dialogprojekt „Schalom Aleikum“ – Untersuchungen gemeinsam durchgeführt werden, die auch über die Entwicklung rechtsextremer und antisemitischer Tendenzen Auskunft geben.

Wie wichtig das ist, zeigen auch die Befunde der letzten repräsentativen Online-Befragung „Antisemitismus und Muslimfeindlichkeit“ vom Juni 2021. Danach gibt zwar die große Mehrheit der Bundesbürger an, „nichts gegen Juden zu haben“. Doch bei differenzierter Nachfrage zeigt sich, dass antisemitische Einstellungen und Stereotype immer noch über den latent immer vorhandenen Kern der überwiegend in der AfD gebündelten Rechtsradikalen hinaus verbreitet sind. So glaubt auch aktuell ein Viertel der Bundesbürger, dass die Juden einen starken Einfluss auf die Politik haben. Und mehr als ein Viertel der Befragten glauben, dass Juden in Deutschland bevorzugt behandelt werden und für sich einen Vorteil aus der deutschen Schuld am Holocaust ziehen.

Untersuchungen – wie jene von „Schalom Aleikum“ mit Unterstützung von Forsa, die in diesem Buch versammelt sind – müssen deshalb auch in Zukunft fortgesetzt werden, um regelmäßig Hinweise auf die weitere Entwicklung und Verbreitung des Antisemitismus und Rechtsextremismus in der Gesellschaft zu erhalten.

SCHALOM ALEIKUM REPORT 2019–2021

Befragt wurden:

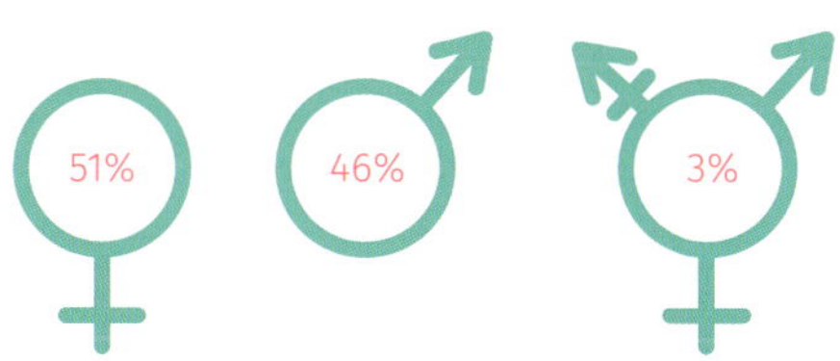

30-44
Jahre

Größte Altersgruppe unter den Befragten

Persönlichen Kontakt zu Muslimen haben:

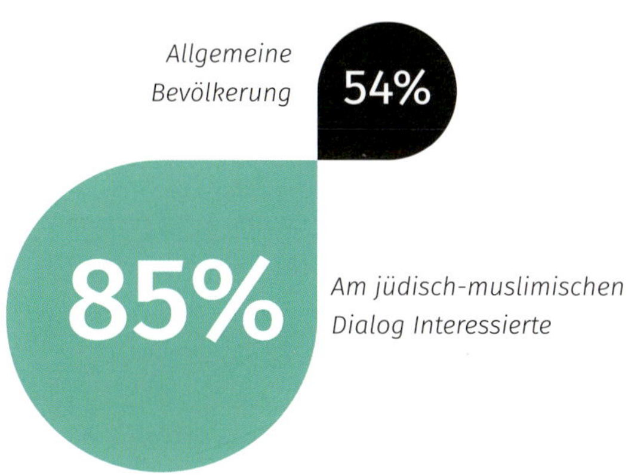

Persönlichen Kontakt zu Juden haben:

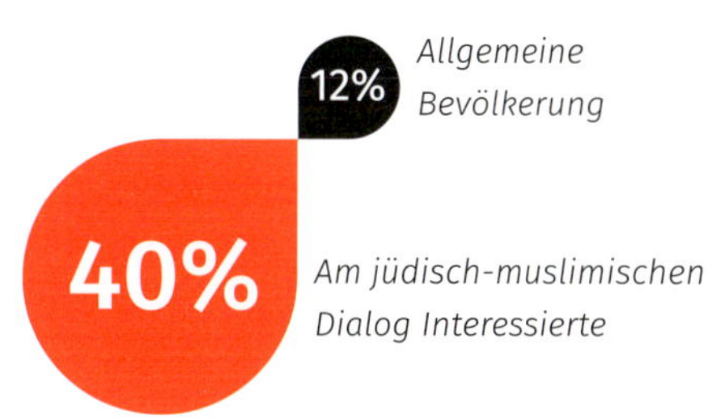

Zustimmung zu antisemitischen Aussagen über Juden

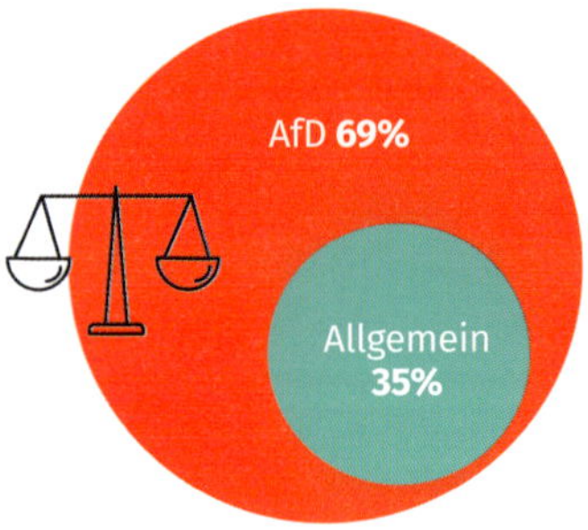

Im Gegensatz zu anderen Minderheiten werden Juden in Deutschland bevorzugt behandelt.

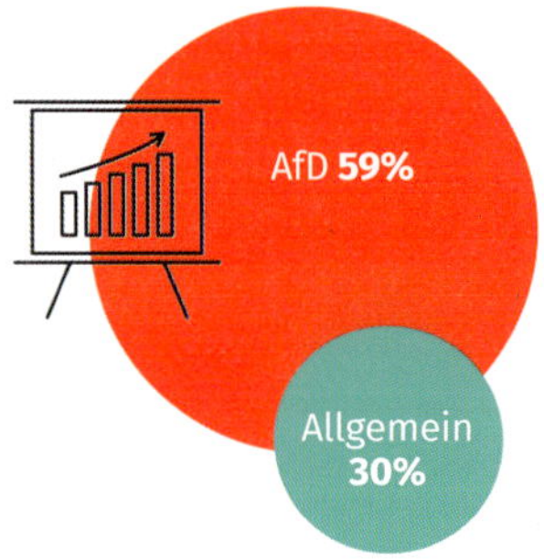

Juden ziehen für sich einen Vorteil aus der deutschen Schuld am Holocaust.

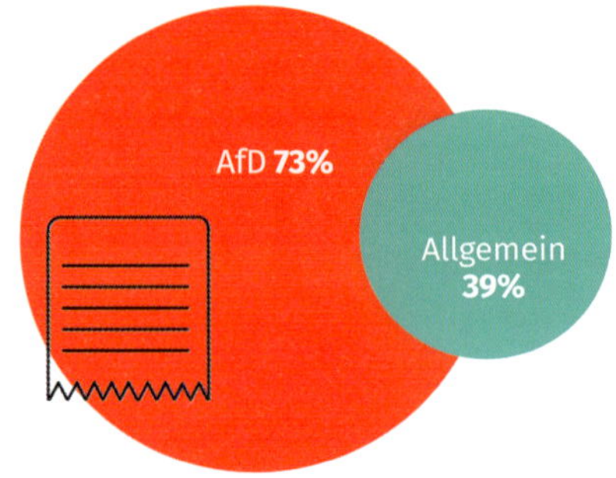

Juden können nicht-jüdische Personen mit dem Vorwurf des Antisemitismus mundtot machen.

36% wünschen sich von der Gesellschaft mehr Möglichkeiten, Dialog entstehen zu lassen.

50% wünschen sich von der Gesellschaft mehr Aufklärungsarbeit gegen Religionsfeindlichkeit

In der Schule vermitteltes Wissen zu Religion:

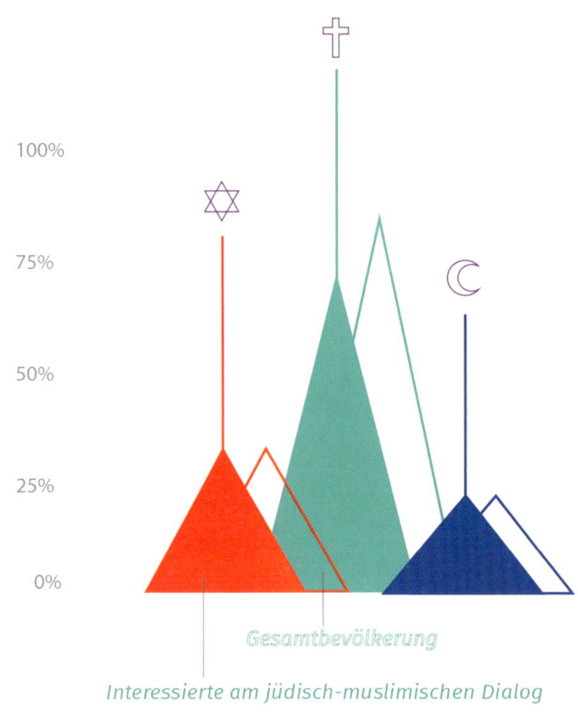

Positive Einstellung gegenüber anderen Religionen:

	✡	✝	☾
Am jüdisch-muslimischen Dialog Interessierte	**94%**	**92%**	**83%**
Gesamtbevölkerung	**76%**	**82%**	**43%**

87%

finden, der Dialog stärkt die Gesellschaft

Diskriminierungserfahrungen aufgrund von Religion:

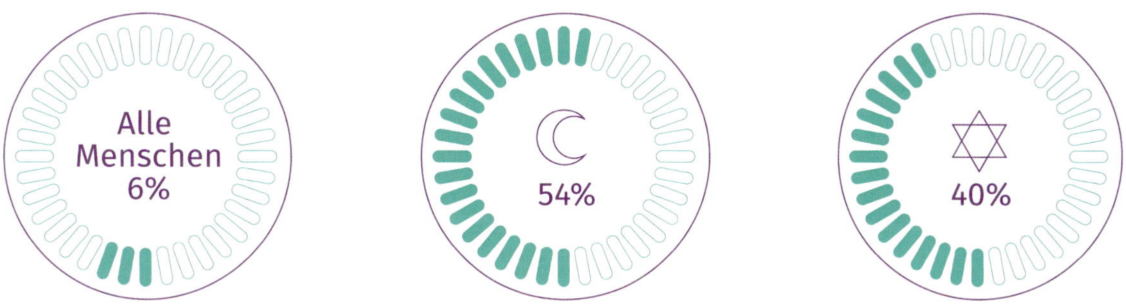

Diskriminierungserfahrungen aufgrund von ethnischer Herkunft:

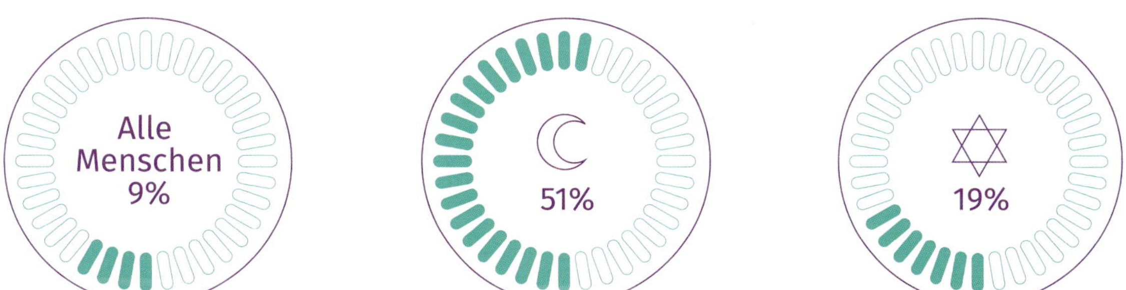

Einleitung

Zentrale Ergebnisse der Forschung

Jüdinnen und Juden, Musliminnen und Muslime sind Teil der deutschen Gesellschaft. Ihre Lebenswelten, Erlebnisse und Erfahrungen mit Antisemitismus sowie Muslimfeindlichkeit sind Gegenstand aktueller Forschungen und finden sich auch in öffentlichen Medien und einschlägiger Literatur wieder.[1]

Die Beziehungen zwischen Juden und Muslimen sind eingebettet in ein komplexes Beziehungsgeflecht. Ihre gegenseitige Wahrnehmung wird nicht nur von der Diversität ihrer eigenen Gemeinschaften bestimmt, sondern auch von ihren soziokulturellen Positionen in der deutschen Gesellschaft.

Der Austausch zwischen Juden und Muslimen, bezeichnet als jüdisch-muslimischer Dialog, gewinnt entsprechend in der wissenschaftlichen Forschung sowie im Bereich politischer Bildungsarbeit und zivilgesellschaftlicher Initiativen immer mehr an Bedeutung.[a] Das Verhältnis der beiden Gruppen zueinander im deutschsprachigen Raum ist jedoch kaum erforscht.[2] Für die Weiterentwicklung der Beziehungen zwischen Juden und Muslimen ist eine profunde Datenlage dazu von zentraler Bedeutung. Vagen Annahmen von- und übereinander kann so ein wissenschaftlich fundiertes Wissen entgegengestellt werden.

Das jüdisch-muslimische Dialogprojekt Schalom Aleikum erforschte in der ersten Projektlaufzeit von 2019 bis 2021 das dynamische Beziehungsgeflecht zwischen Juden, Muslimen sowie der Gesamtgesellschaft in Form sozialwissenschaftlicher Untersuchungen. In dem vorliegenden Band werden die vom Projekt durchgeführten Studien zusammengeführt. Thematische Schwerpunkte bilden die Bereiche Selbst- und Fremdwahrnehmung von Juden und Muslimen, Antisemitismus, Diskriminierungserfahrungen sowie jüdisch-muslimischer Dialog.

Ein zentrales Themenfeld dieses Bereiches ist Antisemitismus. Antisemitische Übergriffe gehören zum Alltag von Jüdinnen und Juden in Deutschland. Es gibt verschiedene Formen davon, die von physischen Attacken bis hin zu verdeckten Aussagen reichen.

Auch Antisemitismus unter Muslimen ist im Kontext der jüdisch-muslimischen Beziehungen ein relevantes Problem. Dies belegt ein Großteil der Studien zur Einstellungsforschung aus den letzten zehn Jahren: Befragte, die in den jeweiligen Untersuchungen ihre Konfession als muslimisch angaben, wiesen oft deutlich höhere Zustimmungswerte bei vorgeschlagenen antisemitischen Aussagen auf als andere.[3]

Antisemitismus und Muslimfeindlichkeit werden in der Öffentlichkeit und in wissenschaftlichen Forschungen zum Teil gleichgesetzt. Die hier dargestellten Studien von Schalom Aleikum befassen sich intensiv mit den beiden Phänomenen und zeigen auf, inwiefern sie sich voneinander unterscheiden bzw. Gemeinsamkeiten aufweisen.

In zweieinhalb Jahren befragte Schalom Aleikum insgesamt 3.914 Personen. Die Befragten lassen sich primär zwei Gruppen zuordnen: 1. Den Interessierten am jüdisch-muslimischen Dialog. Bei dieser Gruppe besteht ein – im Vergleich mit der deutschen Gesamtbevölkerung – überproportional hoher Anteil an jüdischen und muslimischen Befragten. 2. Repräsentativ Befragte der deutschen Gesamtbevölkerung.

Die zentralen Ergebnisse sind:

1. Es bestehen Vorbehalte gegenüber Juden und Muslimen in der Gesamtbevölkerung.
2. Juden und Muslime erleben mehr Diskriminierung als die Durchschnittsbevölkerung. Die meisten Vorfälle finden in sozialen Netzwerken statt.

a Hierfür können an dieser Stelle beispielhaft die „Kreuzberger Initiative gegen Antisemitismus (KIgA)“, „das Kunstfestival “ausARTen – Perspektivwechsel durch Kunst“ und das jüdisch-muslimische Bildungswerk „Maimonides“ als vielbeachtete junge Initiativen genannt werden.

3. Ein Großteil bekommt antisemitische Vorkommnisse mit und jede/r Zweite sieht einen Anstieg von Antisemitismus.
4. In der deutschen Gesamtbevölkerung stimmen ein Viertel bis ein Drittel offen oder implizit antisemitischen Aussagen zu. Besonders unter Anhängern der Partei „Alternative für Deutschland" (AfD) sind Ressentiments gegenüber Juden und Muslimen stark verbreitet.
5. Einen Großteil der antisemitischen Vorfälle schreiben die Befragten jugendlichen, männlichen Einzeltätern zu. Befragte deuten sie von der religiösen Herkunft überwiegend als muslimisch.
6. Als Hauptgrund für Antisemitismus unter Muslimen wird der Nahostkonflikt angegeben. Unter dem Deckmantel der Kritik am Staat Israel befördert die Auseinandersetzung um den Nahostkonflikt auch in der Gesamtbevölkerung antisemitische Einstellungen.
7. In der schulischen Ausbildung besteht ein sehr starkes Bildungsdefizit, was die Informationen über Juden und Muslime anbelangt. Entsprechend sehen viele Befragte in Bildungs- und Dialoginitiativen zentrale Bausteine, um die Situation von Juden und Muslimen in der Gesellschaft zu verbessern.

Nachfolgend werden die wesentlichsten Beobachtungen, auf denen diese Ergebnisse beruhen, erläutert. Dies geschieht zumeist auf einer Textebene unter Einbezug von Abbildungen, die zur Verdeutlichung der zentralsten Zahlen dienen.

1 Siehe hierzu: Pickel, Gert, Yasemin El-Menouar. *Weltanschauliche Vielfalt und Demokratie. Wie sich religiöse Pluralität auf die politische Kultur* auswirkt. Bertelsmann Stiftung, 2019; Zick, Andreas, Küpper Beate, Sabine Achour. *Die Geforderte Mitte: Rechtsextreme und Demokratiegefährdende Einstellungen in Deutschland 2020/21.* Bonn: Dietz, 2021; Bernstein, Julia. *Antisemitismus an Schulen in Deutschland: Befunde – Analysen – Handlungsoptionen.* Weinheim: Beltz Juventa, 2020.

2 Eine vergleichbare, zum Teil quantitative Studie findet man bei Klinkhammer, Gritt Maria. *Interreligiöse und interkulturelle Dialoge mit MuslimInnen in Deutschland: Eine quantitative und qualitative Studie.* Universität Bremen, 2011. Einen Überblick zum Bereich „Jüdisch-muslimischer Dialog" bietet Zeigerer, Larissa. „Jüdisch-Muslimischer Dialog – Ein kurzer Einblick in ein dynamisches Feld." In: De Boor, Rachel, Sonya Ouertani, Hakan Tosuner, Jo Frank. *„Und endlich konnten wir reden ..." Eine Handreichung zu jüdisch-muslimischem Dialog in der Praxis*, Freiburg i. Br.: Herder, 2020, S. 30–37.

3 Hößl, Stefan E. „Antisemitismus unter ‚MuslimInnen'!? Verhältnisbestimmungen im Spannungsfeld von antimuslimischem Rassismus und De-Thematisierungen". In: Killguss, Hans-Peter, Marcus Meier, Sebastian Werner. *Bildungsarbeit gegen Antisemitismus. Grundlagen, Methoden & Übungen*, Frankfurt: Wochenschau Verlag, 2020, S. 178–193.

Forschungsverlauf & Studiendesigns

Selbstrekrutierende Befragungen

2019:
Das Erkenntnisinteresse der sozialwissenschaftlichen Forschung von Schalom Aleikum innerhalb der ersten Förderperiode erkundete die gegenseitige Wahrnehmung von Juden und Muslimen im Verhältnis zur Wahrnehmung seitens der Gesamtgesellschaft. Leitende Fragen waren: Wie schätzen sich Juden und Muslime gegenseitig bzgl. ihrer Position und Positionierung in der deutschen Gesellschaft ein? Inwiefern spielen andere Zugehörigkeiten für diese Wahrnehmung eine Rolle, z.B. Geschlecht, Bildungsgrad oder Wohnort? Wie sind ihre Perspektiven auf Antisemitismus? Welche Vorurteile bestehen unter Angehörigen des Judentums und Islams sowie der Mehrheitsgesellschaft? Das Ziel bestand darin, verbindende Themen sowie gemeinsame Herausforderungen zu identifizieren.

Der Forschungsprozess durchlief mehrere Phasen: Im Jahr 2019 erfolgten explorative Befragungen zu zentralen Themen des jüdisch-muslimischen Dialogs und daran beteiligten Gruppen. Als bundesweites Projekt agiert Schalom Aleikum in ganz Deutschland. Um Perspektiven von Befragten aus dem ganzen Bundesgebiet aufnehmen zu können, wurden quantitative Methoden der Sozialforschung genutzt. Hier speziell die Arbeit mit Umfragen als dem zentralen Mittel der Meinungsforschung.[1] Durch diesen methodologischen Zugriff war es möglich, die Meinung relevanter Personen und Gruppen zu erfassen. Aufgrund des anonymen Verfahrens konnten ungefiltert Einstellungen erhoben und gesammelt werden.

Als unterstützende Institution diente bei den umfangreichsten Befragungen die forsa. Gesellschaft für Sozialforschung und statistische Analysen mbH. Das renommierte deutsche Meinungsforschungsinstitut stellte seine Infrastruktur und Expertise für die Sammlung von Online-Daten zur Verfügung. Zusammen mit Mitarbeiterinnen und Mitarbeitern des Instituts konzipierte Schalom Aleikum einen Online-Fragebogen zu den Themen Selbst-/Fremdwahrnehmung von Juden und Muslimen, Wissensstand über diese Gruppen, Diskriminierungserfahrungen und Umgang mit Antisemitismus. Als Rekrutierungsmethode wurde die Verteilung über Multiplikatoren gewählt, die im jüdisch-muslimischen Dialog tätig sind, mit dem Projekt bereits in Kontakt standen oder in verwandten Themenbereichen aktiv waren. Da dieses Erhebungsverfahren als selbstrekrutierende Online-Befragung angelegt war, bei der keine klare Grundgesamtheit bestimmt werden kann, sind die Ergebnisse nicht repräsentativ. Der Sinn dieser Befragungen bestand darin, Grundtendenzen bzgl. Themen des jüdisch-muslimischen Dialogs bei dessen Interessierten auszuloten, um sie anschließend mit repräsentativen Bevölkerungsumfragen zu vergleichen. Gleichfalls bilden sie Fragen für repräsentative Befragungen jüdischer sowie muslimischer Teilnehmender, die in der Zukunft möglich sind.

Stimmungsbilder-Umfrage:
Die erste Umfrage verfolgte das Ziel, aktuelle Grundstimmungen in Deutschland zu religiösen, kulturellen und politischen Aspekten zu erheben. Hierfür wurden 515 jüdische, muslimische und interreligiös aktive Institutionen und Einzelpersonen kontaktiert. Diese Multiplikatoren erhielten eine vorformulierte Einladungsmail zur Weiterleitung an ihre Netzwerke. Potentielle Teilnehmende gelangten über einen Link in der Einladungsmail zu einer Registrierungsplattform, auf der sie ihre E-Mail-Adresse hinterlegen konnten. Nach einer Prüfung auf die Vertrauenswürdigkeit der Privatperson – anhand ihrer Eingaben – durch die Mitarbeiterinnen und Mitarbeiter von forsa, erfolgte die Freigabe durch die Zusendung eines Links zur eigentlichen Umfrage. Durch dieses Kontrollverfahren der Teilnehmenden wurde das Sample der Befragten auf Manipulationsversuche geprüft. Im Laufe der Erhebung machte ein wissenschaftlicher Mitarbeiter von

Geschlecht		Religionszugehörigkeit		Alter	
Männlich:	42% (89)	Islam:	39%	15-29 Jahre:	14%
Weiblich:	58% (125)	Judentum:	29%	30-44 Jahre:	34%
Divers:	0%	Römisch-katholische Kirche:	11%	45-59 Jahre:	28%
Weiß nicht/k.A.:	0%	Evangelische (Frei-)Kirche:	10%	60+ Jahre:	20%
		Andere Religionsgemeinschaft:	3%	Weiß nicht/k.A.:	4%
		Keine Religionsgemeinschaft:	9%		

Abbildung 1:
Stimmungsbilder 2019 – Teilnehmerprofil – Geschlecht / Religionszugehörigkeit / Alter

Bildungsabschluss		Lokalisierung	
Mittlere Reife:	8%	In einem Dorf mit unter 5.000 Einwohnern:	4%
Fachhochschulreife:	5%	In einer Kleinstadt mit 5.000 bis unter 20.000 Einwohnern:	6%
Abitur:	17%	In einer Stadt mit 20.000 bis unter 100.000 Einwohnern	11%
Fach-/Hochschulstudium:	67%	In einer größeren Stadt mit 100.000 bis unter 500.000 EW	27%
Anderer Schulabschluss:	1%	In einer Großstadt mit 500.000 und mehr Einwohnern	50%
Weiß nicht/k.A.:	1%	weiß nicht/ k.A.	2%

Abbildung 2:
Stimmungsbilder 2019 – Teilnehmerprofil – Bildungsabschluss / Lokalisierung

Schalom Aleikum die bundesweit tätigen Multiplikatoren telefonisch auf den Versand aufmerksam. Ergänzend erhielten die Multiplikatoren zwei Erinnerungsmails von forsa. Nach Abschluss der Feldzeit von zweieinhalb Wochen hatten 214 Personen die Fragebögen abgeschlossen.

Unter den Befragten dieser ersten Studie nahmen 62 Juden und 83 Muslime teil. Die Möglichkeit einer Teilnahme für Interessierte aus der Gesamtgesellschaft bot eine Vergleichsebene für besondere Perspektiven der jüdischen und muslimischen Bevölkerungsanteile. Die Erhebung wurde vom 30. Oktober bis 18. November 2019 mithilfe einer Online-Befragung durchgeführt.

Lehrerbefragung 2019 „Antisemitismus an Schulen“: Das Projekt führte 2019 spezielle Studien mit thematisch abgegrenzten Zielgruppen durch. Auch diese wurden als selbstrekrutierende Verfahren angelegt. Vom 4. bis 10. November führte Schalom Aleikum eine Online-Befragung unter Lehrkräften in Nordrhein-Westfalen zum Thema „Antisemitismus an Schulen“ durch. Bei dieser Erhebung nahm Schalom Aleikum gezielt mit Schulen in diesem Bundesland Kontakt auf, mit der Bitte, einen mit der Software LamaPoll erstellten Online-Fragebogen an ihre Lehrkräfte weiterzuleiten. Im Vorfeld wurde eine Datenbank mit 67 Schulen erstellt, darunter 21 Hauptschulen, 24 Realschulen, 11 Gymnasien und 11 Gesamtschulen. Insgesamt nahmen 103 Personen an der Umfrage teil.

Geschlecht	Konfession	Schulform
Männlich: 46%	Jüdisch: 2%	Hauptschule: 12%
Weiblich: 50%	Muslimisch: 6%	Realschule: 34%
Divers: 0%	Christlich: 70%	Gymnasium: 29%
Keine Angabe: 4%	Konfessionslos: 22%	Gesamtschule: 24%

Abbildung 3:
Lehrer-Befragung – Teilnehmerprofil – Geschlecht / Konfession / Schulform

Geschlecht	Religionszugehörigkeit	Strömung	Alter
Männlich: 42%	Jüdisch: 84%	Ultraorthodox: 0%	15-29 Jahre: 11%
Weiblich: 49%	Nicht-jüdisch: 9%	Orthodox: 20%	30-44 Jahre: 20%
Divers: 0%	Keine Angabe: 7%	Konservativ: 15%	45-59 Jahre: 23%
Weiß nicht/k.A.: 9%		Liberal: 29%	60-74 Jahre: 39%
		Reform: 7%	75-89 Jahre: 8%
		Andere: 4%	
		Keine Angabe: 25%	

Abbildung 4: Gemeindetag 2019 – Teilnehmerprofil – Geschlecht / Religionszugehörigkeit / Strömung / Alter

Politische Einstellung	
Links:	6%
Liberal:	24%
Mitte:	27%
Konservativ:	13%
Rechts:	0%
Keine Angabe:	30%

Abbildung 5: Teilnehmerprofil – Politische Einstellung

Gemeindetag-Umfrage 2019:
Vom 19. bis 22. Dezember 2019 fand die Veranstaltung „Gemeindetag" des Zentralrats der Juden in Deutschland in Berlin statt. An dem Event nahmen insgesamt 1.155 Personen aus ganz Deutschland teil. Der Gemeindetag ist eine zentrale Begegnungsveranstaltung der Mitglieder jüdischer Gemeinden in Deutschland, die in der Regel alle drei Jahre stattfindet. Schalom Aleikum nutzte diese Versammlung, um ein Meinungsbild von überwiegend jüdischen Teilnehmenden zum jüdisch-muslimischen Dialog und vor allem Antisemitismus unter Muslimen zu erhalten. Innerhalb der Veranstaltung fanden fünf Programmpunkte statt, die sich dem jüdisch-muslimischen Dialog widmeten. Bei diesen Events verteilten Mitarbeiterinnen und Mitarbeiter des Projektes gedruckte Fragebögen an die versammelten Teilnehmenden. Von 464 Besucherinnen und Besuchern füllten 100 Personen die Fragebögen aus.

2020:
Die Untersuchungen im Jahr 2020 widmeten sich der Vertiefung der in 2019 aufgeworfenen Tendenzen. Ergebnisse des Vorjahres zu antisemitischen Einstellungen, Diskriminierungserfahrungen, der Wissensvermittlung über Juden und Muslime und den Perspektiven auf jüdisch-muslimischen Dialog flossen in die Konzeption eines neuen Fragebogens ein. Im Abgleich mit der relevanten Forschungsliteratur erfolgte eine umfassendere Befragung zu diesen Themen. Erneut wurde forsa mit der Sammlung sowie Primäranalyse der Daten beauftragt. Im Vergleich zum Vorjahr fand eine breitere Akquise von Personen über Social-Media-Kanäle statt. Die hierfür genutzte Datenbank konnte auf über 800 Multiplikatoren ausgeweitet werden. Im Gegensatz zu 2019 wurde auf einen ausführlichen Registrierungsprozess verzichtet, um die Teilnahmehürden zu senken. Suspekte Interviews wurden von forsa im Erhebungsverlauf aussortiert und aus dem Sample entfernt.

Im Rahmen der zweiten Untersuchung wurden insgesamt 1 010 Personen mithilfe einer Online-Studie mit dem Titel „#Umgefragt" befragt. Die Erhebung wurde vom 17. Juli bis 30. November 2020 durchgeführt. Von diesen Interviews wurden 946 in Deutsch, 37 in Englisch, 15 in Russisch und 12 in Türkisch durchgeführt.

Bevölkerungsrepräsentative Online-Panel

Um eine Vergleichsebene zu der Gruppe der Interessierten des jüdisch-muslimischen Dialogs zu erhalten, holte Schalom Aleikum Meinungsbilder zu Themen wie Diskriminierung, Antisemitismus und Muslimfeindlichkeit in der Gesamtbevölkerung ein. Als Ergänzung zu der Stimmungsbilder-Studie führte forsa im Jahr 2019 eine repräsentative Befragung zu einzelnen Bereichen in der deutschen Gesamtbevölkerung durch. Im Rahmen dieser ergänzenden Untersuchung wurden insgesamt 1.012 nach einem systematischen Zufallsverfahren ausgewählte Personen in der Bundesrepublik

Geschlecht	Region	Alter	Schulabschluss
Männlich: 49%	West: 85%	14-29 Jahre: 21%	Hauptschule: 23%
Weiblich: 51%	Ost: 15%	30-44 Jahre: 20%	Mittl. Abschluss: 40%
		45-59 Jahre: 27%	Hochschule/Abitur: 30%
		60+ Jahre: 32%	Andere: 7%

Abbildung 6: **Panelbefragung Forsa 2019 – Teilnehmerprofil – Geschlecht / Region / Alter / Schulabschluss**

Deutschland befragt. Die Erhebung wurde Anfang November 2019 anhand einer Online-Befragung über das Online-Panel forsa.omninet durchgeführt. Inhaltlich nahm sie die Bereiche „Einstellungen gegenüber Religionsgemeinschaften", „schulische Wissensvermittlung zu Konfessionen", „religiöse Vielfalt" und „erlebte Benachteiligung" auf.

Im Jahr 2021 führte forsa im Auftrag von Schalom Aleikum eine umfangreichere repräsentative, bundesweite Erhebung zum Thema Antisemitismus und Muslimfeindlichkeit durch. Im Rahmen der Befragung wurden unter anderem Einschätzungen zur jüdischen und zur muslimischen Bevölkerung in Deutschland sowie Meinungen zum (Zusammen-)Leben von Juden und Muslimen in Deutschland, auch vor dem Hintergrund des Nahostkonflikts, ermittelt. Zudem wurde untersucht, inwieweit die Befragten persönlichen Kontakt zu Juden und Muslimen haben und wie sie die Entwicklung der Anzahl antisemitischer Vorkommnisse in Deutschland einschätzen.

Es wurden insgesamt 1.004 nach einem systematischen Zufallsverfahren ausgewählte Personen ab 18 Jahren in Deutschland befragt. Die Erhebung wurde vom 9. bis zum 17. Juni 2021 im Rahmen des repräsentativen Online-Panels forsa.omninet durchgeführt. Die ermittelten Ergebnisse können mit den bei allen Stichprobenerhebungen möglichen Fehlertoleranzen (im vorliegenden Fall +/-3 Prozentpunkte) auf die Gesamtheit der Bevölkerung ab 18 Jahren in Deutschland übertragen werden.

Veranstaltungsbezogene Evaluationen

Zwischen den Jahren 2019 und 2020 fanden im Rahmen der Dialogveranstaltungen von Schalom Aleikum Publikumsbefragungen statt. Diese Erhebungen stellen primär veranstaltungsbezogene Evaluationen zur Messung der Qualität der Events dar. An den Veranstaltungen von Schalom Aleikum nahmen im Jahr 2019 insgesamt 660 Personen teil.

Bei jeder Veranstaltung teilten Mitarbeiterinnen und Mitarbeiter des Projekts am Eingang Fragebögen an sämtliche Besucherinnen und Besucher mit der Bitte zum Ausfüllen aus. Im Rahmen der Dialogplatt-

Geschlecht	Region	Alter	Ortsgröße
Männlich: 47%	West: 84%	14-29 Jahre: 8%	Unter 20.000 Einwohner: 39%
Weiblich: 53%	Ost: 16%	30-44 Jahre: 28%	20.000 bis unter 100.000 Einwohner: 26%
		45-59 Jahre: 28%	100.000 Einwohner und mehr: 35%
		60+ Jahre: 36%	

Abbildung 7: Panelbefragung Forsa 2021 – Teilnehmerprofil – Geschlecht / Region / Alter / Ortsgröße

Abbildung 8: Schalom Aleikum Dialogplattformen 2019 – Teilnehmerprofil – Geschlecht / Konfession / Alter

Geschlecht	Konfession	Alter
Männlich: 36%	Christlich: 34%	14-29 Jahre: 34%
Weiblich: 52%	Muslimisch: 26%	30-44 Jahre: 25%
Divers: 1%	Jüdisch: 23%	45-59 Jahre: 16%
Weiß nicht/k.A.: 11%	Konfessionslos: 11%	60-74 Jahre: 20%
	Andere Konfession: 4%	75-89 Jahre: 5%
	Keine Angabe: 2%	

formen wurden so insgesamt 187 schriftliche Fragebögen von den Teilnehmenden ausgefüllt. Anschließend wurden die Angaben in ein Sammeldokument übertragen und mit den Programmen PSPP und R ausgewertet. Die Fragebögen nahmen Daten zu der Geschlechtsverteilung, Konfession und dem Alter der Teilnehmenden von Schalom Aleikum Veranstaltungen auf. Inhaltlich fragten sie nach wichtigen Bereichen für die religiöse Herkunft, der Einschätzung der Beziehungen zwischen Juden und Muslimen in Deutschland und der Wirkung von jüdisch-muslimischen Dialogformaten auf die Verständigung zwischen beiden Gruppen. Je nach Veranstaltungsthema enthielten die Fragebögen ein gesondertes Segment mit Fragen zu diesem Bereich wie z. B. jüdischen und muslimischen Unternehmern, dem Dialog unter Frauen oder Antisemitismus an Schulen.

Im Jahr 2020 versuchte Schalom Aleikum vermehrt die veranstaltungsbezogenen Evaluationen in einer digitalen Variante durchzuführen. Hierfür versendeten Mitarbeiterinnen und Mitarbeiter des Projektes im Anschluss der ersten Veranstaltung des Jahres, „Coming Out. Jüdisch-Muslimisches Gespräch der LGBTIQ" (26. Februar 2020, Berlin), an alle angemeldeten und vor Ort präsenten Besucherinnen und Besucher einen personalisierten Teilnahmelink zu einem Online-Fragebogen auf der Homepage von LamaPoll. Insgesamt nahmen 90 Personen an der Veranstaltung teil. Nach dem Einsetzen der Corona-Pandemie – und den damit verbundenen Auflagen zur Eindämmung – digitalisierte Schalom Aleikum seine Veranstaltungsformate. Podiumsdiskussionen wurden über die Social-Media-Präsenzen des Projekts auf den Plattformen Facebook und YouTube live gestreamt. Im Gegensatz zu den Präsenz-Veranstaltungen gab es bei diesen Events keine Anmeldungen oder Gästelisten. Eine genaue Teilnehmerzahl lässt sich für die Schalom Aleikum Veranstaltungen des Jahres 2020 somit nicht herleiten. Die Zuschauer rekrutierten sich aus einer nicht abgrenzbaren Menge von Personen, die dauerhaft oder temporär die Ausstrahlungen mitverfolgten. Die Ansprache über einen Online-Fragebogen verblieb als einzige realisierbare Möglichkeit für die veranstaltungsbezogene Evaluation. Vor, während und nach den

Abbildung 9: Schalom Aleikum Dialogplattformen 2020 – Teilnehmerprofil – Geschlecht / Konfession / Bildungsabschluss / Alter

Geschlecht	Konfession	Bildungsabschluss	Alter
Männlich: 37%	Jüdisch: 40%	Universität/Fachhochschule: 78%	14-29 Jahre: 16%
Weiblich: 55%	Christlich: 22%	Fachhochschule/Abitur: 17%	30-44 Jahre: 42%
Divers: 5%	Konfessionslos: 15%	Realschulabschluss/	45-59 Jahre: 20%
Weiß nicht/k.A.: 3%	Keine Angabe: 12%	Mittlere Reife : 3%	60-74 Jahre: 20%
	Muslimisch: 9%	Hauptschulabschluss: 2%	75-89 Jahre: 2%
	Andere Konfession: 2%		

Typ	Veranstaltung	Teilnehmende
Live-Publikums-befragung mit 5 Fragen	Sichtbar sein. Jüdinnen und Musliminnen im Gespräch (29.08.2019 Leipzig)	73
Straßenbefragung	Aufgenommen im Vorfeld der Veranstaltung: Sichtbar sein. Jüdinnen und Musliminnen im Gespräch (29.08.2019 Leipzig)	15
Live-Publikums-befragung mit 3 Fragen	Coming Out. Jüdisch-Muslimisches Gespräch der LGBTIQ (26.02.2020 Berlin)	100

Abbildung 10: Weitere Erhebungsformate Schalom Aleikum

Veranstaltungen wurde auf die Erhebungen im Anschluss aufmerksam gemacht. Hierzu wurde in der Sendung mehrmals ein Link zur Umfrage eingeblendet und auf den Seiten der Ausstrahlung veröffentlicht. Inhaltlich wurde auch der Fragebogen weiterentwickelt. Im Vordergrund standen dabei Wissenserweiterung, Perspektivwechsel, Relevanz der Veranstaltungsthemen für den jüdisch-muslimischen Dialog sowie die Qualität der Veranstaltungen im Allgemeinen. Insgesamt wurden auf diese Weise 123 Interviews erhoben.

Weitere Erhebungsformate:
Neben den skizzierten quantitativen Befragungen fanden im Rahmen der Präsenzveranstaltungen vereinzelt weitere Forschungsformate Anwendung. Der Vollständigkeit halber werden diese nachfolgend tabellarisch aufgezählt. Die Ergebnisse dieser Befragungen werden aufgrund der spezifischen Erhebungsmethoden im weiteren Buchverlauf nicht erörtert.

1 Jacob, Rüdiger, Andreas Heinz, Décieux Jean Philippe. Umfrage. Einführung in die Methoden der Umfrageforschung. 3. Auflage. München: Oldenbourg Verlag, 2013.

Methodologie

Studiendesign und Stichprobenkonzept

Die innerhalb des Projekts durchgeführten Befragungen erheben ein Meinungsbild aus unterschiedlichen Stichproben. Aufgrund der speziellen und uneinheitlichen Rekrutierungsmethoden sowie der öffentlichen Kennzeichnung der Erhebungen mit dem Bezug zum jüdisch-muslimischen Dialog ist davon auszugehen, dass primär an diesem Thema interessierte Personen teilnahmen. Aus diesem Grund werden Befragte der selbstrekrutierenden Befragungen nachfolgend unter dem Sammelbegriff der „Interessierten am jüdisch-muslimischen Dialog" summiert. Einen Großteil (1.324) bilden Befragte, die an den mehrmonatigen Umfragen des Projektes in den Jahren 2019 und 2020 teilnahmen. Zu dieser Gruppe zählen auch Befragte, die im Rahmen der Schalom-Aleikum-Veranstaltungen 2019 sowie 2020 schriftlich oder über Online-Fragebögen ihre Meinungen abgaben.

Bei der Mehrzahl der Untersuchungen handelte es sich um schriftliche und Online-Befragungen. Bei den selbstrekrutierenden Befragungen ist zu berücksichtigen, dass diese als „internetgestützte Survey auf der Basis willkürlicher Auswahlen" angelegt waren.[1] Demnach stellen sie keine Zufallsstichproben räumlich, zeitlich oder sprachlich abgrenzbarer Personenmengen dar.[2] Die Ergebnisse dieser Befragungen sind entsprechend nicht für die jüdische oder muslimische Bevölkerung Deutschlands verallgemeinerbar. Die Besonderheit dieser Gruppe wird im Kapitel zu den Strukturmerkmalen der Teilnehmenden verdeutlicht. Die Befragungen dienten primär der Sondierung von bestehenden Tendenzen innerhalb der Gemeinschaften.

Von ihrer Zusammensetzung ist diese Gruppe im Vergleich auf die deutsche Bevölkerungsstruktur asymmetrisch. Allein von den Größenverhältnissen der Konfessionen stehen sie in keiner realistischen Relation zur Gesamtbevölkerung Deutschlands. Wie im Abschnitt „Strukturmerkmale der Teilnehmenden" dargelegt wird, stellen beispielsweise bei der #Umgefragt-Studie Juden und Muslime jeweils circa ein Drittel der Gesamtmenge an Befragten. Der Anteil der jüdischen Bevölkerung an der Gesamtpopulation Deutschlands liegt mit circa 150.000 Personen bei etwa 0,18 Prozent.[3] Mit ungefähr 5,3 Millionen stellen Muslime hingegen grob 6 Prozent der Gesellschaft dar.[4] Gesondert betrachtet bieten die jüdischen und muslimischen Befragten der hier dargestellten Studien eine zu kleine Stichprobe, als dass sich daraus verlässliche Aussagen über die Gesamtgruppen treffen ließen. Dieses Ungleichgewicht ist auf die unterschiedlichen Grundgesamtheiten der Erhebungen zurückzuführen und war zu jeder Zeit der Datenanalyse bekannt. Dieser Punkt wurde bei der Interpretation der Ergebnisse entsprechend berücksichtigt. Für die Erörterung der Stimmungen in den einzelnen gesellschaftlichen Gruppen ist es für die Untersuchung relevant gewesen, einzelne kleinere Fokusgruppen in der Dialogbefragung überproportional in die Befragung einzubringen, um ihren Standpunkt evaluieren zu können. Diese Befragungen dienen als Referenzrahmen, um die Gruppe der am Dialog Interessierten ansatzweise zu beschreiben. Im Vergleich mit anderen Studien sowie mit vertiefenden Untersuchungen in der Zukunft lassen sich sodann repräsentative Schlüsse treffen.

Repräsentative Daten zur Gesamtbevölkerung Deutschlands wurden durch die Online-Panel von forsa generiert. Unter einem „Panel" ist an dieser Stelle eine systematisch zusammengestellte Zufallsstichprobe für Online-Befragungen gemeint, die entsprechend der Soziodemographie der deutschen Bevölkerung gezogen wird. Mitunter nutzt forsa solche Panels, um aussagekräftige Daten zu Sachverhalten wie Wahlprognosen – zuletzt bei der Bundestagswahl 2021 – zu generieren.[5]

Strukturmerkmale der Teilnehmenden

Bei der Gruppe der Interessierten am jüdisch-muslimischen Dialog war es möglich, wesentliche soziodemographischen Merkmale der Befragten zu bestimmen. Von den Proportionen gleichen sich die Befragungen von 2019 und 2020 überwiegend. Nachfolgend werden diese Merkmale primär anhand der umfangreichsten #Umgefragt-Studie aus dem Jahr 2020 dargelegt. An für den möglichen Erkenntnisgewinn zuträglichen Stellen werden Vergleiche mit anderen Erhebungen gezogen, an denen am jüdisch-muslimischen Dialog Interessierte teilnahmen.

Abbildung 11: Strukturmerkmale der Teilnehmenden #Umgefragt 2020

No	Variable	Kategorien	Angaben (in Prozent)
1	Konfessionsverteilung	1 . Islam	313 (31.0%)
		2 . Judentum	331 (32.8%)
		3 . evangelischen Kirche	83 (8.2%)
		4 . römisch-katholischen Kirche	75 (7.4%)
		5 . andere Religionsgemeinschaft	17 (1.7%)
		6 . keiner Religionsgemeinschaft	171 (16.9%)
		7 . weiß nicht/ k.A.	20 (2.0%)
2	Geschlechtsverteilung	1 . männlich	463 (45.8%)
		2 . weiblich	516 (51.1%)
		3 . divers	15 (1.5%)
		4 . weiß nicht/ k.A.	16 (1.6%)
3	Altersverteilung	1 . unter 30 Jahre	255 (25.3%)
		2 . 30-44 Jahre	344 (34.1%)
		3 . 45-59 Jahre	203 (20.1%)
		4 . 60+ Jahre	151 (15.0%)
		5 . weiß nicht/ k.A.	55 (5.5%)
4	Politische Selbstverortung	1 . Mitte	163 (16.1%)
		2 . Liberal	153 (15.2%)
		3 . Konservativ	67 (6.6%)
		4 . Links	306 (30.3%)
		5 . Rechts	11 (1.1%)
		6 . Sonstige:	106 (10.5%)
		7 . keine	95 (9.4%)
		8 . k.A.	109 (10.8%)
5	In Deutschland geboren	1 . ja	709 (70.2%)
		2 . nein	284 (28.1%)
		3 . k.A.	17 (1.7%)

6	Bildungshintergrund	1 . ohne Haupt-/Volksschulabschluss	4 (0.4%)
		2 . Haupt-/Volksschulabschluss	7 (0.7%)
		3 . Mittlere Reife, Realschulabschluss, Fachschulreife	63 (6.2%)
		4 . Fachhochschulreife, Abschluss einer Fachoberschule	52 (5.1%)
		5 . Abitur, allgemeine oder fachgebundene Hochschulreife	235 (23.3%)
		6 . Fach-/Hochschulstudium	614 (60.8%)
		7 . anderer Schulabschluss	12 (1.2%)
		8 . Schüler: noch kein Schulabschluss	9 (0.9%)
		9 . k.A.	14 (1.4%)
7	Berufssituation	1 . voll erwerbstätig	480 (47.5%)
		2 . teilzeitbeschäftigt	131 (13.0%)
		3 . geringfügig erwerbstätig	10 (1.0%)
		4 . in einer beruflichen Ausbildung	14 (1.4%)
		5 . im Freiwilligen Sozialen Jahr	2 (0.2%)
		6 . Schüler(in)	13 (1.3%)
		7 . Student(in)	172 (17.0%)
		8 . Rentner(in), Pensionär(in)	96 (9.5%)
		9 . arbeitssuchend	24 (2.4%)
		10 . Hausfrau, Hausmann	3 (0.3%)
		11 . Elternzeit	8 (0.8%)
		12 . nichts davon trifft zu	30 (3.0%)
		13 . k.A.	27 (2.7%)
8	Wirtschaftliche Lage	1 . Sehr gut	215 (21.3%)
		2 . Gut	618 (61.2%)
		3 . Schlecht	116 (11.5%)
		4 . Sehr schlecht	11 (1.1%)
		5 . k.A.	50 (5.0%)
9	Wohnsituation	1 . In einem Dorf mit unter 5.000 Einwohnern	45 (4.5%)
		2 . In einer Kleinstadt mit 5.000 bis unter 20.000 Einwohnern	76 (7.5%)
		3 . In einer Stadt mit 20.000 bis unter 100.000 Einwohnern	124 (12.3%)
		4 . In einer größeren Stadt mit 100.000 bis unter 500.000 Einwohnern	241 (23.9%)
		5 . In einer Großstadt mit 500.000 und mehr Einwohnern	505 (50.0%)
		6 . k.A.	19 (1.9%)

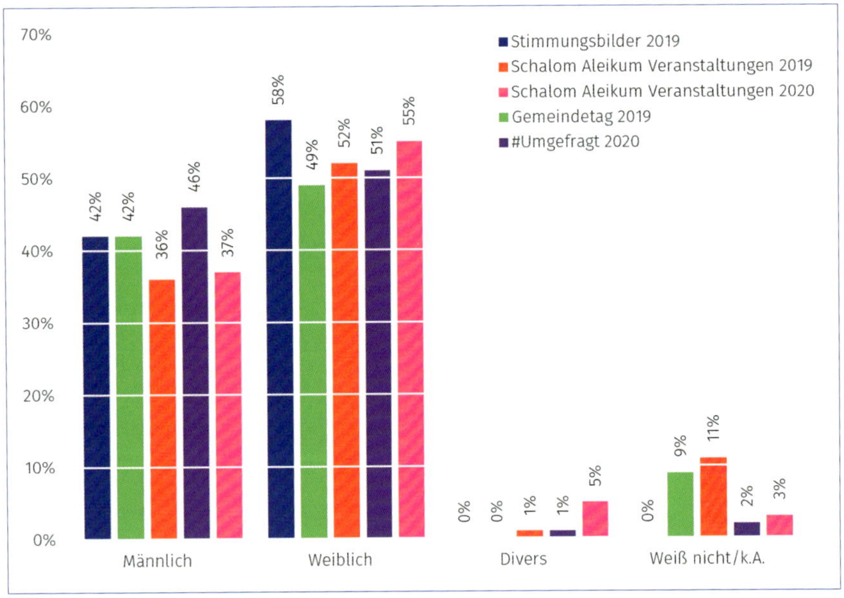

Abbildung 12: Geschlechtsverteilung in Studien bei Interessierten am jüdisch-muslimischen Dialog

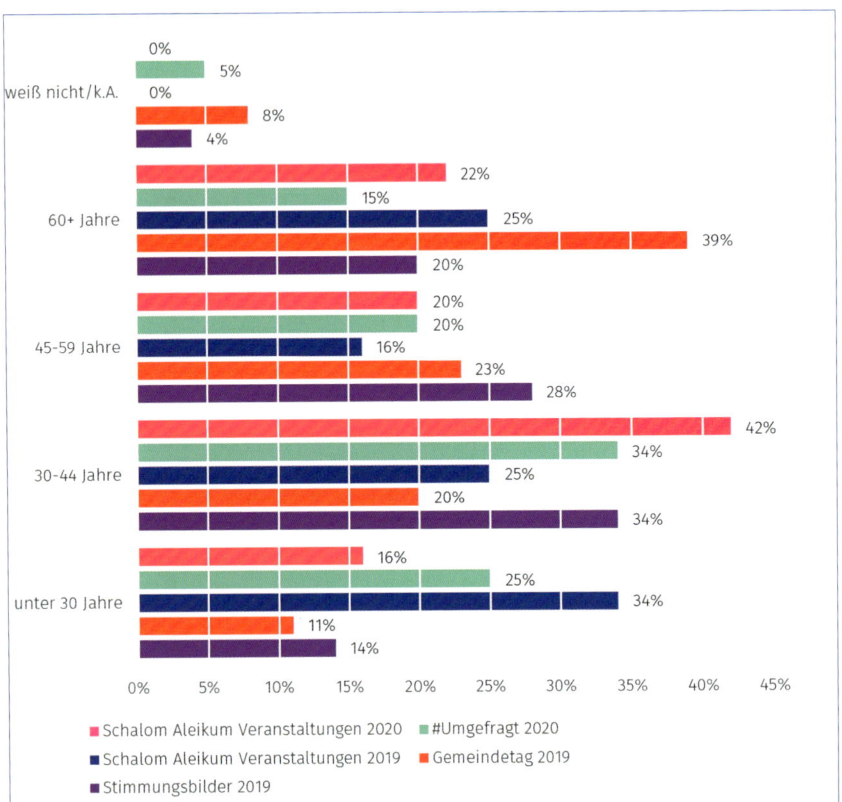

Geschlechtsverteilung:
46 Prozent der Befragungsteilnehmenden waren Männer, 51 Prozent Frauen. Besieht man die Geschlechtsverteilung für die Studien mit Interessierten am jüdisch-muslimischen Dialog, so lässt sich erkennen, dass es einen größeren Anteil an weiblichen Befragten gibt. Ein kleiner Anteil gab sein Geschlecht als divers an. Im Vergleich mit anderen Studien wird ersichtlich, dass diese Geschlechtsverteilung, mit geringen Abweichungen, bei den Interessierten am jüdisch-muslimischen Dialog dominiert.

Altersverteilung:
Die Altersverteilung für die #Umgefragt-Studie sah folgendermaßen aus: Jeder vierte Befragte (25 %) war unter 30 Jahre alt, jeder Dritte zwischen 30 und 44 Jahren (34 %). 20 Prozent waren zwischen 45 und 59 Jahren, 15 Prozent über 60 Jahre. Ein Vergleich zwischen den durchgeführten Studien mit den Interessierten am jüdisch-muslimischen Dialog zeigt, dass sich ein Großteil der Teilnehmenden dem Alterssegment zwischen 30 und 44 Jahren zuordnen lässt.

Religiöse Zugehörigkeit:
Bei allen selbstrekrutierenden Befragungen waren überproportional viele Juden und Muslime beteiligt. Allein bei der #Umge-

Abbildung 13: Altersverteilung in Studien bei Interessierten am jüdisch-muslimischen Dialog

Abbildung 14:
Befragte nach Religionszugehörigkeit in Studien bei Interessierten am jüdisch-muslimischen Dialog

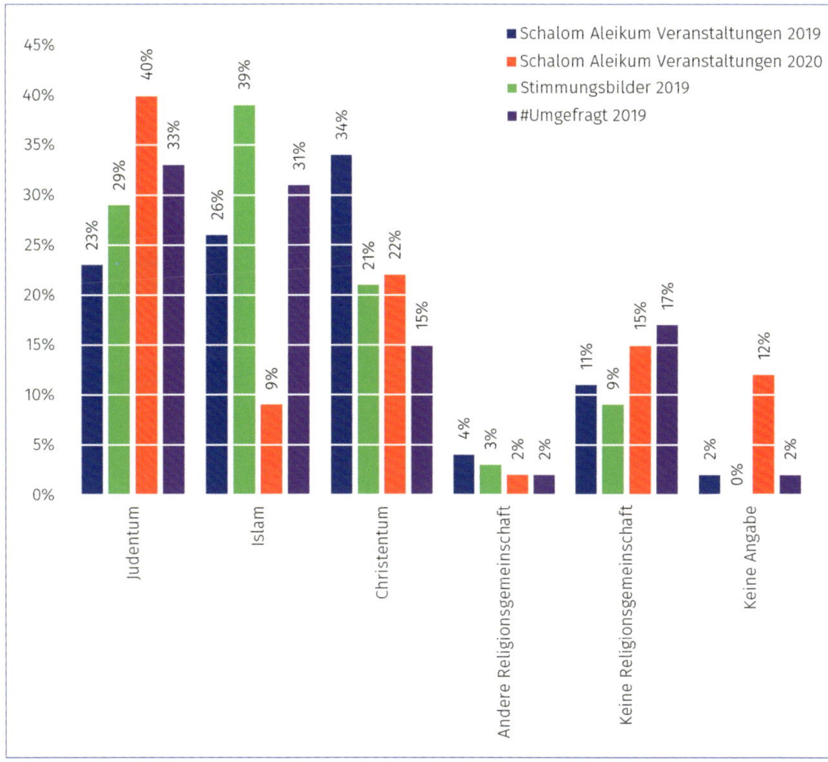

fragt-Studie waren 33 Prozent aller Befragten Angehörige des Judentums, 31 Prozent des Islams. 8 Prozent gehörten einer evangelischen (Frei-)Kirche, 7 Prozent der römisch-katholischen Kirche und 2 Prozent einer anderen Religionsgemeinschaft an. 17 Prozent fühlten sich keiner Religionsgemeinschaft zugehörig. Von den unter 50 Jahre alten Befragten waren überdurchschnittlich viele Muslime, von den über 50-Jährigen hingegen fast die Hälfte Juden. Dies korreliert mit der Altersverteilung in den Gruppen, wonach die jüdische Bevölkerung einen hohen Anteil an älteren und die muslimische an jüngeren Personen hat.[6]

Von den jüdischen Befragten verorteten sich 11 Prozent in der orthodoxen Richtung des Judentums, 27 Prozent in der traditionellen, 34 Prozent in der liberalen und 19 Prozent in der kulturellen Richtung. Von den befragten Muslimen ordneten sich die allermeisten (78 %) dem Sunnitentum, 4 Prozent dem Alevitentum und 4 Prozent dem Schiitentum zu. Die muslimischen Befragten waren von den Proportionen der religiösen Verteilung in der muslimischen Bevölkerung nahe.[7] Zwischen den

Abbildung 15: Befragte nach religiöser Verortung in Strömungen, verteilt nach Geschlecht und Alter – #Umgefragt 2020

Judentum	Gesamt	Geschlecht		Alter		
		Männer	**Frauen**	**unter 30 J.**	**30-49 J.**	**50 J. & älter**
Basis (100%)	*331*	*147*	*180*	*64*	*116*	*136*
Orthodox	11%	12%	11%	20%	10%	9%
Traditionell	27%	34%	22%	23%	32%	24%
Liberal	34%	31%	37%	23%	30%	45%
Kulturell	19%	14%	23%	23%	20%	15%
Andere:	8%	8%	7%	11%	5%	8%
weiß nicht/ k.A.	2%	1%	2%	2%	1%	1%

Islam	Gesamt	Geschlecht		Alter		
		Männer	**Frauen**	**unter 30 J.**	**30-49 J.**	**50 J. & älter**
Basis (100%)	*313*	*146*	*160*	*122*	*160*	*20*
Alevitentum	4%	4%	3%	5%	3%	-
Schiitentum	4%	4%	3%	3%	3%	5%
Sunnitentum	78%	77%	80%	80%	78%	75%
Andere:	9%	11%	8%	6%	11%	15%
weiß nicht/ k.A.	3%	3%	3%	3%	2%	-

jüdischen Befragten bestand, im Vergleich zu anderen großen Befragungen der jüdischen Bevölkerung, ein höherer Anteil an Personen, die sich der liberalen Religionsströmung zuordnen.[8]

Abbildung 16: **Präferenzen politische Richtungen - #Umgefragt 2020**

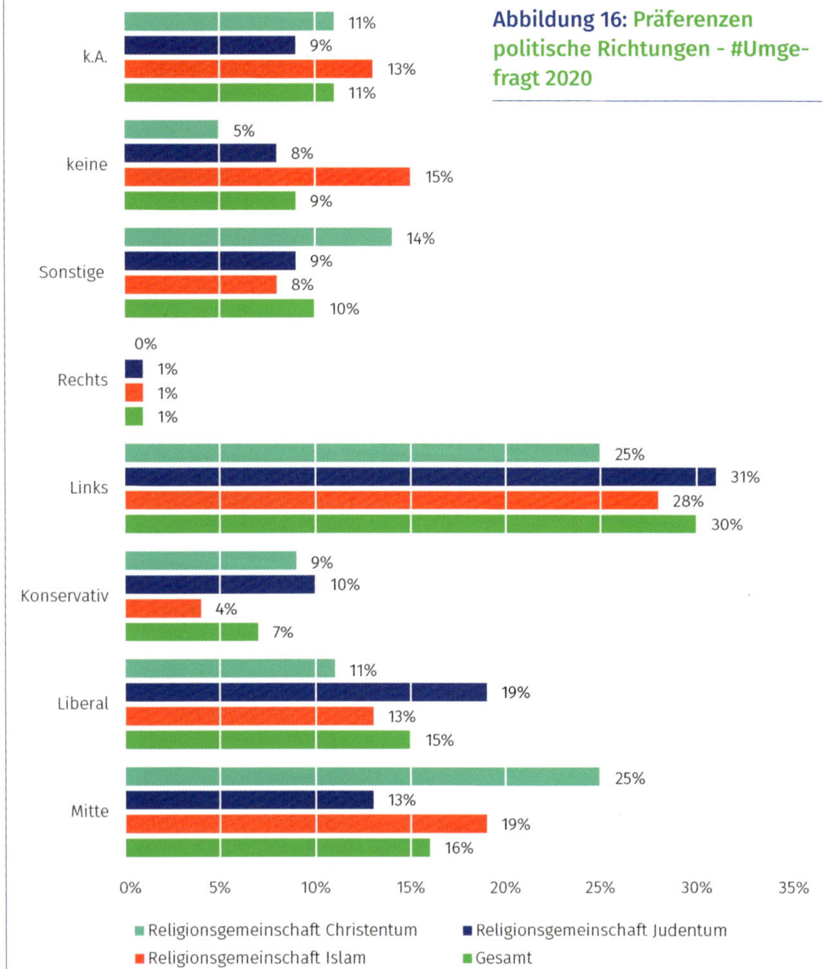

Politische Selbstverortung:

Von der politischen Einstellung ist unter den Befragten eine Tendenz zu „links, „Mitte“ und „liberal“ vorhanden. Danach gefragt, welche politische Richtung ihnen zusagt, gaben bei der #Umgefragt-Studie 16 Prozent „Mitte“, 15 Prozent „liberal“ an. 7 Prozent sahen sich politisch als „konservativ“ an. 30 Prozent sahen sich politisch eher „links“. Somit hat die linke politische Richtung den größten Anteil unter den Befragten. 1 Prozent stufte sich als eher „rechts“ ein. Diese Verteilung bleibt bei einem Vergleich der jüdischen, muslimischen und christlichen Befragten größtenteils bestehen. Unter diesen stellten christliche Befragte die meisten Mitte-Angaben. Muslimische Teilnehmende verorteten sich wiederum am wenigsten konservativ.

Migrationshintergrund:

70 Prozent aller #Umgefragt-Befragten sind in Deutschland geboren. Bei 51 Prozent sind auch Vater und/oder Mutter in

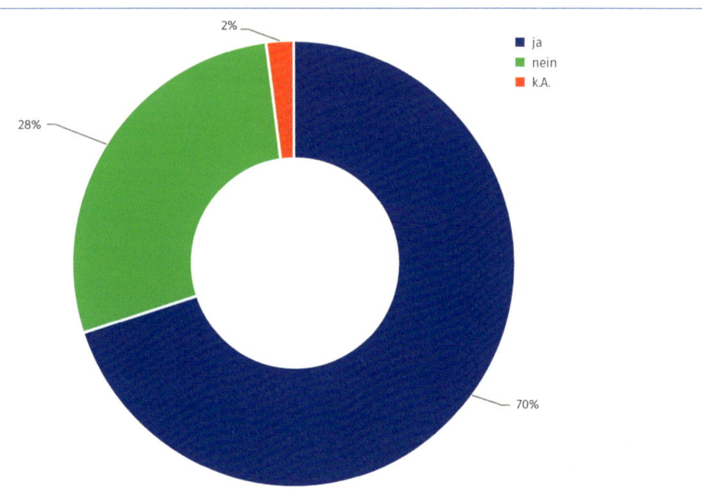

Abbildung 17: **Migrationshintergrund – Geburt in Deutschland oder nicht – #Umgefragt 2020**

Abbildung 18: Migrationshintergrund – Sprachen in den Haushalten der Befragten nach Religionszugehörigkeiten – #Umgefragt 2020

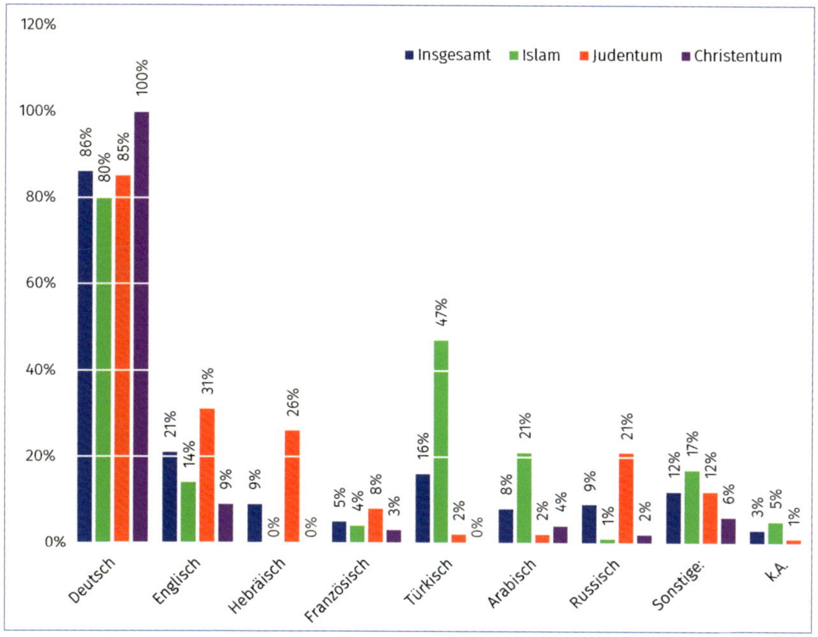

Deutschland geboren. Vor allem die unter 30-Jährigen, Christen sowie diejenigen, die in kleineren Dörfern oder Städten wohnen, gaben an, selbst in Deutschland geboren zu sein. Dass die Eltern nicht in Deutschland geboren sind, gaben hingegen vor allem Muslime an. Daraus ergibt sich ein Anteil von 64 Prozent der Befragten, die einen Migrationshintergrund haben (also die selbst, oder bei denen mindestens ein Elternteil nicht in Deutschland geboren ist).

In der großen Mehrheit der Haushalte (86 %) wird hauptsächlich Deutsch gesprochen. 21 Prozent der Befragten gaben an, dass bei ihnen zuhause hauptsächlich Englisch gesprochen wird, bei 16 Prozent wird überwiegend Türkisch gesprochen. Andere Sprachen werden in den Haushalten von weniger als jedem zehnten Befragten gesprochen. Türkisch wird insbesondere in den Haushalten der Muslime gesprochen. In den Haushalten der Juden wird überdurchschnittlich häufig Englisch, Hebräisch oder Russisch gesprochen.

66 Prozent der Befragten haben die deutsche, 15 Prozent eine andere Staatsangehörigkeit. 17 Prozent haben neben der deutschen auch noch eine weitere Staatsbürgerschaft. Überdurchschnittlich häufig haben Juden die doppelte Staatsbürgerschaft.

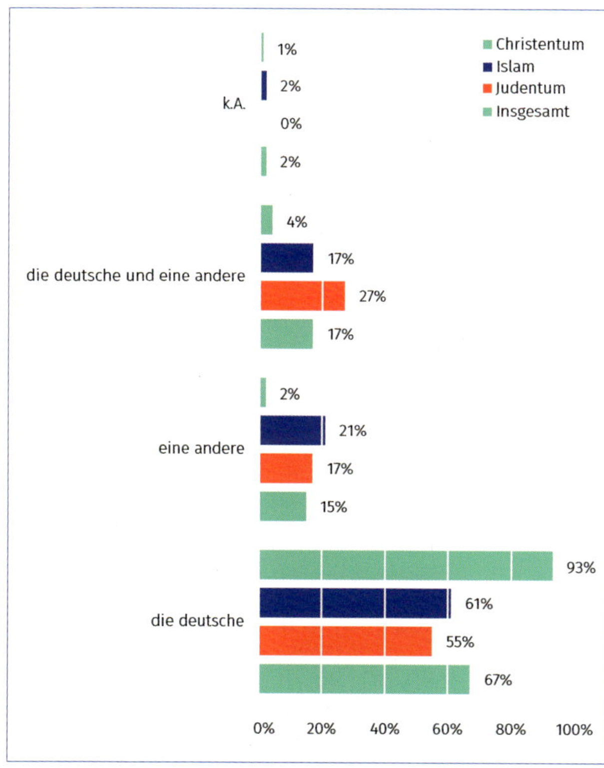

Abbildung 19: Migrationshintergrund – Staatsangehörigkeitsverteilung nach Konfessionen – #Umgefragt 2020

Höchster Schul- bzw. Hochschulabschluss - #Umgefragt 2020	Gesamt	Judentum	Islam
Basis (100%)	***1010***	***331***	***313***
ohne Haupt-/Volksschulabschluss	*	*	-
Haupt-/Volksschulabschluss	1%	1%	-
Mittlere Reife, Realschulabschluss, Fachschulreife	6%	3%	7%
Fachhochschulreife, Abschluss einer Fachoberschule	5%	6%	4%
Abitur, allgemeine oder fachgebundene Hochschulreife	23%	22%	30%
Fach-/Hochschulstudium	61%	63%	57%
anderer Schulabschluss	1%	2%	1%
Schüler: noch kein Schulabschluss	1%	2%	*
k.A.	1%	*	1%

Fand oder findet Ihre schulische Ausbildung in Deutschland statt?	Gesamt	Judentum	Islam
Basis (100%)	***1010***	***331***	***331***
ja, ausschließlich	66%	53%	73%
ja, überwiegend	17%	20%	12%
ja, zu einem geringen Teil	6%	8%	6%
nein, gar nicht	10%	18%	7%
k.A.	2%	1%	2%

Abbildung 20:
Bildungsgrad – Schulische Ausbildung in Deutschland – #Umgefragt 2020

Bildungshintergrund:
Die große Mehrheit der Befragten (84 %) hat einen weiterführenden Bildungsabschluss (Abitur, Studium). Nur 11 Prozent haben einen mittleren, kaum jemand einen niedrigen Bildungsabschluss. Bei zwei Drittel der Befragten (66 %) fand die schulische Ausbildung ausschließlich in Deutschland statt. 17 Prozent sind überwiegend, 6 Prozent nur zu einem geringen Teil in Deutschland zur Schule gegangen. 10 Prozent sind nicht in Deutschland zur Schule gegangen. Dass sie nur zu einem geringen Teil oder gar nicht in Deutschland zur Schule gegangen sind, gaben überdurchschnittlich häufig Juden an.

Berufssituation:
48 Prozent der Befragten sind in Vollzeit, 13 Prozent in Teilzeit erwerbstätig. Jeweils 1 Prozent der Befragten ist geringfügig erwerbstätig, in einer beruflichen Ausbildung oder Lehre bzw. Umschulung. 18 Prozent der Befragten sind Schüler oder Studenten, 10 Prozent sind Rentner, Pensionäre oder Vorruheständler.

Die große Mehrheit der Befragten (82 %) beurteilte die derzeitige wirtschaftliche Lage des eigenen Haushalts als gut (61 %) oder sehr gut (21 %). Nur wenige (12 %) bewerteten die wirtschaftliche Lage als schlecht oder sehr schlecht.

Abbildung 21:
Berufliche Situation – Wirtschaftliche Lage des eigenen Haushalts – #Umgefragt 2020

Derzeitige berufliche Situation Ich bin:	Gesamt	Judentum	Islam
Basis (100%)	***1010***	***331***	***313***
voll erwerbstätig	48%	51%	44%
teilzeitbeschäftigt	13%	11%	15%
geringfügig erwerbstätig, in einem Mini Job	1%	2%	*
in einer beruflichen Ausbildung/ Lehre oder Umschulung	1%	1%	1%
im Freiwilligen Sozialen Jahr	*	*	1%
Schüler(in)	1%	2%	2%
Student(in)	17%	11%	28%
Rentner(in), Pensionär(in), im Vorruhestand	10%	13%	2%
arbeitssuchend	2%	1%	2%
Hausfrau, Hausmann	*	*	*
Elternzeit	1%	1%	1%
nichts davon trifft zu	3%	4%	2%
k.A.	3%	2%	2%

Derzeitige wirtschaftliche Lage des eigenen Haushalts der Befragten	Gesamt	Judentum	Islam
Basis (100%)	***1010***	***331***	***331***
Sehr gut	21%	23%	15%
Gut	61%	63%	67%
Schlecht	11%	9%	13%
Sehr schlecht	1%	1%	1%
k.A.	5%	4%	4%

Lokalisierung:
4 Prozent der Befragten wohnen in einem Dorf mit weniger als 5.000 Einwohnern, 8 Prozent in einer Kleinstadt mit 5.000 bis weniger als 20.000 Einwohnern. In einer Stadt mit 20.000 bis unter 100.000 Einwohnern wohnen 12 Prozent, einer größeren Stadt mit 100.000 bis unter 500.000 Einwohnern 24 Prozent. Die Hälfte aller Befragten wohnt derzeit in einer Großstadt mit mehr als 500.000 Einwohnern. Die meisten Befragten kamen aus Nordrhein-Westfalen (30 %) oder Berlin (22 %).

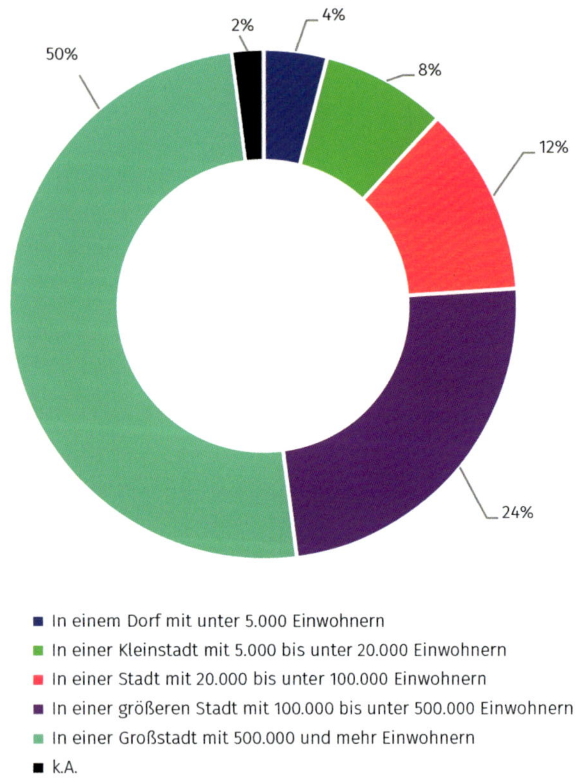

Abbildung 22: Wohnsituation der Befragten – #Umgefragt 2020

Zusammenfassung Strukturmerkmale der Teilnehmenden:

Zusammenfassend können die folgenden Strukturmerkmale über die am jüdisch-muslimischen Dialog Interessierten festgehalten werden: Die am jüdisch-muslimischen Dialog Interessierten haben einen leichten Überhang an weiblichen Befragten. Vom Alter stellten 30 bis 44-Jährige die größte Gruppe. Die Befragten setzen sich zumeist überproportional aus Juden und Muslimen zusammen, was dadurch erklärt werden kann, dass sie auch primäre Zielgruppen der Befragungen sind. Entsprechend erreichten die Erhebungen zumeist die intendierten Adressaten.

Die Gruppen selbst sind von der Altersverteilung ähnlich zu den jüdischen und muslimischen Bevölkerungen Deutschlands zusammengesetzt. Die liberale Religionsströmung ist unter jüdischen Befragten stärker ausgeprägt. Ein Großteil verortet sich politisch links. Fast zwei Drittel der Befragten haben einen Migrationshintergrund. Die große Mehrheit der Befragten (84 %) hat einen weiterführenden Bildungsabschluss (Abitur, Studium). Nur 11 Prozent haben einen mittleren, kaum jemand einen niedrigen Bildungsabschluss. Zwei Drittel sind in Voll- oder Teilzeit angestellt. Überwiegend stufen sie ihre wirtschaftliche Lage als gut oder sehr gut ein. Die Hälfte der Befragten wohnt in Großstädten.

Einordnung in den zeitlichen Kontext

Wie es in der Umfrageforschung bekannt ist, können bestimmte Ereignisse, die in Verbindung mit dem Forschungsthema stehen, das Antwortverhalten von Personen beeinflussen.[9] Die Beziehungen zwischen Juden und Muslimen sowie ein entsprechender Dialog unter ihnen sind meistens von tagesaktuellen Ereignissen und politischen Entwicklungen abhängig. Davon zeugen nicht zuletzt die politischen Entwicklungen, die sich im Laufe der ersten Projektlaufzeit (2019–2021) von Schalom Aleikum ereigneten. Die nachfolgende Tabelle gibt eine Übersicht über einige dieser Ereignisse, die sich womöglich auf das Antwortverhalten der Befragten ausgewirkt haben.

Die Dynamik der politischen Ereignisse in diesem Zeitraum bildet einen möglichen Einflussfaktor für die nachfolgend zusammengestellten Ergebnisse. Aufgrund von den unterschiedlich zusammengesetzten Befragtengruppen und mangels dahingehender Vergleichsstudien lassen sich genaue Abweichungen nicht genau besehen. Diese lassen sich erst mit einer größeren zeitlichen Distanz zu den Geschehnissen und im Kontext mit anderen Untersuchungen messen. Dies wird ggf. im Laufe zukünftiger Untersuchungen von Schalom Aleikum geschehen.

Studie	Erhebungszeitraum	Zeitliche Ereignisse
Stimmungsbilder / Online-Panel	30. Oktober - 18. November 2019	09. Oktober 2019, rechtsterroristisches Attentat auf die Synagoge in Halle (Saale) an Yom Kippur
Antisemitismus an Schulen	4. - 10. November 2019	
Gemeindetag	19. - 22. Dezember 2019	
#Umgefragt	17. Juli - 30. November 2020	- 19. Februar 2020: Rechtsterroristischer Anschlag in Hanau - ab April 2020: Protestbewegungen gegen die Auflagen zur Eindämmung der Corona-Pandemie, mit Verbreitung verschwörungsmythischer Inhalte - ab August 2020: Historischer Abschluss von Friedensverträgen zwischen dem Staat Israel und den arabischen Ländern Vereinigte Arabische Emirate, Bahrain und Sudan - 29. August 2020: Sturm auf den Reichstag durch Demonstrierende gegen die Corona-Auflagen - 16. Oktober 2020: Mord an dem Lehrer Samuel Paty in Frankreich durch einen muslimisch radikalisierten Jugendlichen - 02. November 2020: Terroranschlag des Islamischen Staats in Wien - 20. November 2020: Antisemitischer Anschlag auf die Synagoge der Jüdischen Kultus-Gemeinde Essen
Antisemitismus und Muslim-feinlichkeit	9. - 17. Juni 2021	- 12. Mai 2021: Antisemitische Übergriffe in ganz Deutschland mit Bezug zum Nahostkonflikt um die Räumung von Wohnungen in der Ost-Jerusalemer Nachbarschaft Scheich Dscharrah - 02. Juni 2021: Brandanschlag auf Synagoge in Ulm mit Bezug zum Nahostkonflikt

Abbildung 23: Ereignisse während der Erhebungszeiträume

1 Vgl. Schnell, Rainer, Paul Bernhard Hill, Elke Esser. *Methoden der empirischen Sozialforschung*. 11. Auflage. Berlin: De Gruyter Oldenbourg, 2018, S. 344.

2 Ebd.

3 DellaPergola, Sergio. „World Jewish Population, 2019“. In: *American Jewish Year Book*, 2020, 263–353, hier S. 267.

4 Pfündel, Katrin. *Muslimisches Leben in Deutschland 2020: Studie im Auftrag der Deutschen Islam Konferenz*. Nürnberg: Bundesamt für Migration und Flüchtlinge, 2021, S. 37.

5 Güllner, Manfred, Lars H. Schmitt. „Innovation in der Markt- und Sozialforschung: Das forsa.omninet-Panel.“ In: *Sozialwissenschaften und Berufspraxis* 27(1), 2004, S. 11–22. https://www.ssoar.info/ssoar/bitstream/handle/document/3820/ssoar-sub-2004-1-gullner_et_al-innovation_in_der_markt-_und.pdf?sequence=1&isAllowed=y&lnkname=ssoar-sub-2004-1-gullner_et_al-innovation_in_der_markt-_und.pdf.

6 Siehe Pfündel 2021 sowie Colak, Seda, Oleg Pronitschew. „Gemeinschaftsposition und Identitätsbildung bei jüdischen und muslimischen jungen Erwachsenen.“ In: *Gehört Werden. Jüdische und muslimische Junge Erwachsene im Gespräch*. Leipzig: Hentrich & Hentrich, 2020, S. 16–23, hier S. 16f.

7 Pfründel 2021, S. 46.

8 Siehe *Gemeindebarometer. Ergebnisse einer Befragung unter Jüdinnen und Juden in Deutschland*. Berlin: Zentralrat der Juden in Deutschland, 2020, S. 16.

9 Jacob, Rüdiger, Andreas Heinz, Décieux Jean Philippe. *Umfrage. Einführung in die Methoden der Umfrageforschung*. 3. Auflage. München: Oldenbourg Verlag, 2013.

Zentrale Ergebnisse

Selbst- und Fremdwahrnehmungen von Juden und Muslimen

Persönliche Bekanntschaft

Die Studien versuchten mitunter herauszufinden, inwiefern Befragte unterschiedlicher Konfessionen persönlich Juden oder Muslime kennen. Bei der Stimmungsbilder-Studie kannten 98 Prozent der befragten Juden Muslime persönlich. 78 Prozent der befragten Muslime kannten Juden persönlich. Ein Großteil der Befragten hatte demnach überdurchschnittlich viel Kontakt zu Juden und Muslimen.

Unter den überwiegend jüdischen Befragten bei der Veranstaltung „Gemeindetag" des Zentralrats der Juden in Deutschland im Jahr 2019 konnten viele recht genau die Bevölkerungszahl von Muslimen in Deutschland einschätzen. 77 von 100 Personen gaben eine Anzahl von 4,5 Millionen an. Diese Angabe liegt womöglich daran, dass 93 Prozent aller Teilnehmende auch persönlich mit Muslimen bekannt sind. Entsprechend haben gleichfalls 67 Prozent (eher) positive Erfahrungen mit Muslimen und 16 Prozent (eher) negative. Laut den Umfragen unter einer jüdischen Zielgruppe ist darauf zu schließen, dass es grundsätzlich wahrscheinlicher ist, dass Juden Muslime kennen als andersherum. Dies ist vermeintlich auf die bereits erläuterten stark unterschiedlichen Bevölkerungsproportionen der beiden Gruppen zurückzuführen, die einem Verhältnis von circa 1:50 liegen.[a]

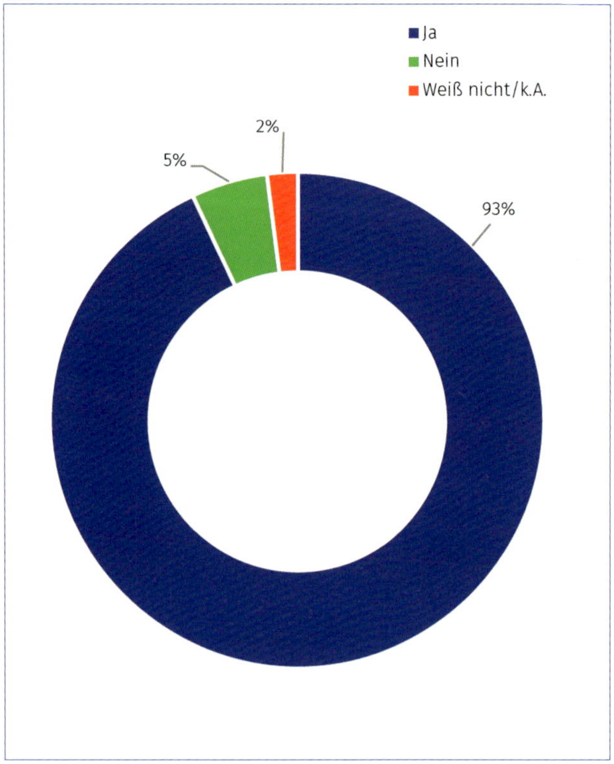

Abbildung 24: **Persönlicher Kontakt zu Muslimen – Gemeindetag 2019**

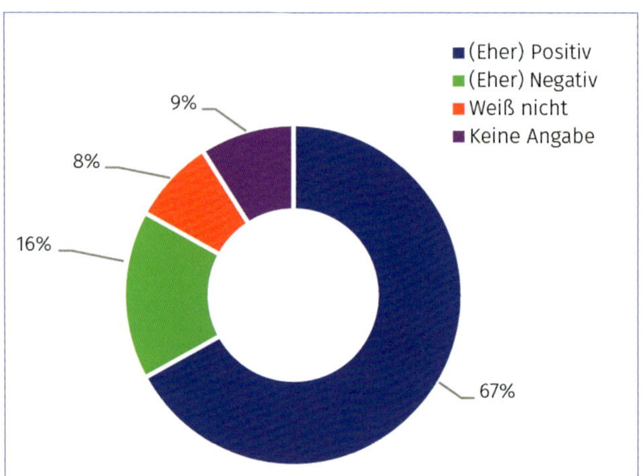

Abbildung 25: **Bisherige Erfahrungen mit Muslimen – Gemeindetag 2019**

a Siehe die dahingehenden Ausführungen im Kapitel „Methodologie: a. Studiendesign und Stichprobenkonzept".

Der tendenziell geringere Kontakt zu Juden bestätigte sich auch in der #Umgefragt-Studie von Schalom Aleikum. Von den nicht-jüdischen Befragten hatten oder haben jeweils 25 Prozent regelmäßig und 25 Prozent gelegentlich Kontakt zu Juden. 31 Prozent hatten sehr selten, 16 Prozent nie Kontakt. Über 30-Jährige standen häufiger als unter 30-Jährige zumindest gelegentlich im Austausch mit Juden. Muslime hatten etwas seltener als der Durchschnitt aller Befragten Kontakt zu Juden. Eher selten oder nie hatten zudem die Einwohner kleinerer Dörfer oder kleinerer Städte Begegnungen mit Juden.

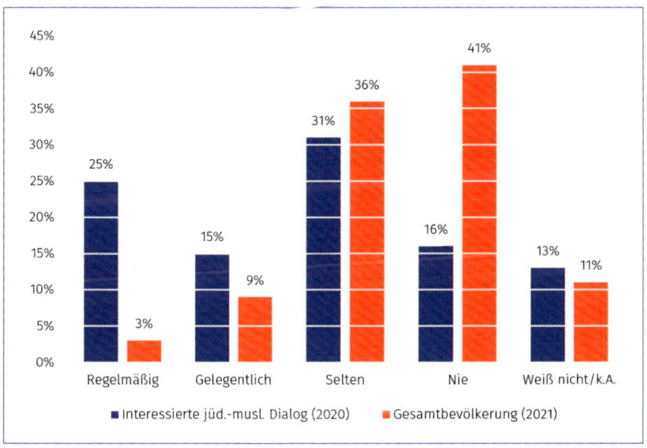

Abbildung 26: Persönlicher Kontakt zu Juden im Vergleich zwischen Interessierten am jüdisch-muslimischen Dialog und der Gesamtbevölkerung

Im Vergleich hatten hingegen wesentlich mehr Befragte Kontakt zu Muslimen in ihrem Alltagsleben. 54 Prozent der nicht-muslimischen Befragten hatten regelmäßig Kontakt zu Muslimen. 31 Prozent hatten gelegentlich, 12 Prozent sehr selten Kontakt zu Muslimen. Dass sie gar keine Kontakte zu Muslimen haben, gaben nur 2 Prozent der Befragten an. Überdurchschnittlich häufig gaben die unter 30-Jährigen an, regelmäßig Kontakte zu Muslimen zu haben.[b]

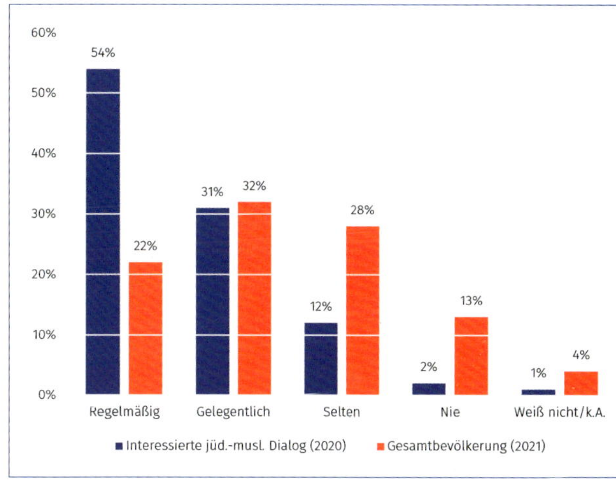

Abbildung 27: Persönlicher Kontakt zu Muslimen im Vergleich zwischen Interessierten am jüdisch-muslimischen Dialog und der Gesamtbevölkerung

Wie die bevölkerungsrepräsentative Befragung von forsa (2021) ergab, hatten aus der allgemeinen deutschen Bevölkerung wesentlich weniger Personen regelmäßigen oder gelegentlichen Kontakt zu Juden und Muslimen. 3 Prozent der Bundesbürger gaben an, dass sie regelmäßig Kontakt zu Juden haben. 9 Prozent hatten zumindest gelegentlich Kontakt zu Juden. 36 Prozent hatten nach eigenen Angaben selten, 41 Prozent nie Kontakt zu Juden. Zu Muslimen hatten 22 Prozent der Bürger regelmäßig, 32 Prozent gelegentlich Kontakt. 28 Prozent hatten selten Kontakt zu Muslimen. Bei 13 Prozent der Befragten ist dies nach eigenen Angaben nie der Fall.

Bewertung von Juden und Muslimen

Neben dem unterschiedlichen Grad an realen Begegnungen unterscheiden sich die Befragtengruppen auch in der Bewertung von Religionen. Die große Mehrheit der Stimmungsbilder-Befragten stand Juden (94 %) sowie Christen (92 %) eher bzw. sehr positiv gegenüber. Muslimen standen 83 Prozent der Befragten positiv gegenüber, Buddhisten 76 Prozent und Hindus 62 Prozent. Während die Muslime mehrheitlich auch den Juden positiv gegenüberstanden (92 %), bewerteten jüdische Befragte Angehörige des Islams zu 66 Prozent positiv.

b Es muss angemerkt werden, dass bei den Antwortoptionen nicht das zugrundeliegende Verständnis der Befragten von jüdischen oder muslimischen Menschen abgefragt wurde. Entsprechend sind hier Kontakte mit Juden und Muslimen erfasst, die die Befragten als solche deuten.

Die Einstellungen der Schalom-Aleikum-Befragten gegenüber Juden und Muslimen waren wesentlich positiver als in der Gesamtbevölkerung. Gegenüber den Stimmungsbilder-Teilnehmenden (94 %) standen 76 Prozent der Bundesbürger Juden positiv gegenüber. Bei Muslimen war es mit 43 Prozent fast die Hälfte.

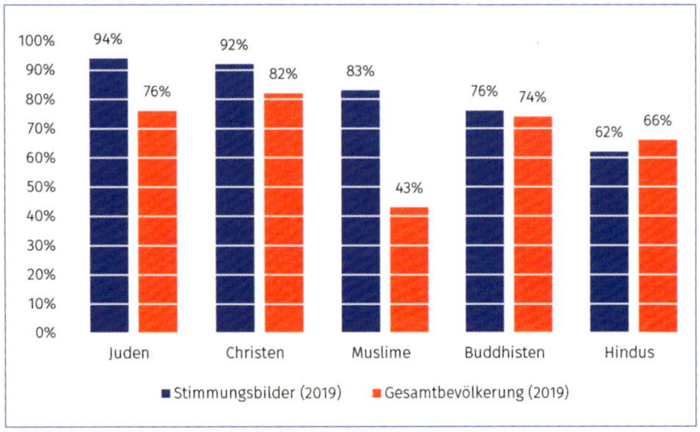

Abbildung 28: Einstellung gegenüber Religionsgemeinschaften – Stimmungsbilder & Panel-Befragung 2019

Die Beziehungen zwischen Juden und Muslimen wurden hingegen von am Dialog Interessierten vermehrt als negativ oder neutral gedeutet. Im Rahmen der Schalom-Aleikum-Veranstaltungen des Jahres 2019 wurden Teilnehmende nach ihrer Einschätzung der Beziehungen zwischen Juden und Muslimen gefragt. 32 % der Teilnehmenden werteten die aktuellen Beziehungen zwischen Juden und Muslimen als (eher) negativ. 31 % als neutral und 26 % als (eher) positiv.

Soziodemographische Einordnung der Gruppen

Die Befragungen der Jahre 2020 und 2021 differenzierten die Bewertungsperspektiven auf Juden und Muslime des Jahres 2019 weiter aus. Dies geschah beispielsweise über Fragen zu der sozialen und soziodemographischen Verortung.

Juden: 81 Prozent der #Umgefragt-Teilnehmenden gingen davon aus, dass die jüdische Bevölkerung einen allgemein hohen Bildungsgrad hat. Jeweils 69 Prozent waren der Meinung, die jüdische Bevölkerung habe gute Chancen auf dem Arbeitsmarkt. Ähnlich viele meinen, dass Juden ein ausgeprägtes Demokratieverständnis haben. Dass die jüdische Bevölkerung eine ausgeprägte Geschlechtergerechtigkeit habe, meinten 48 Prozent und 34 Prozent meinten, die jüdische Bevölkerung würde sich streng an die Vorgaben ihrer Religion halten, also z. B. Gebetszeiten, koscheres

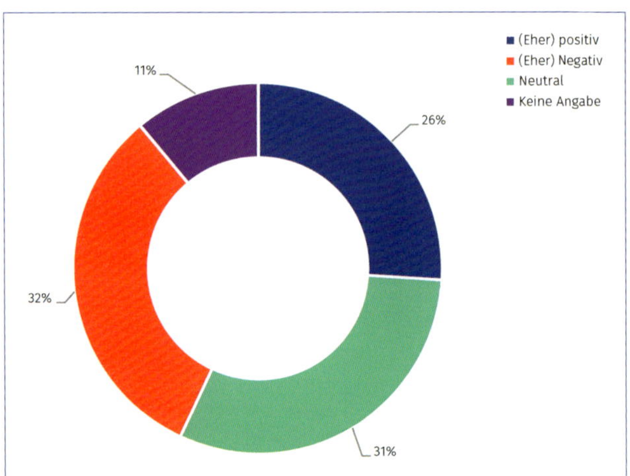

Abbildung 29: Einschätzung Beziehung zwischen Juden und Muslimen – Schalom Aleikum Veranstaltungen 2019

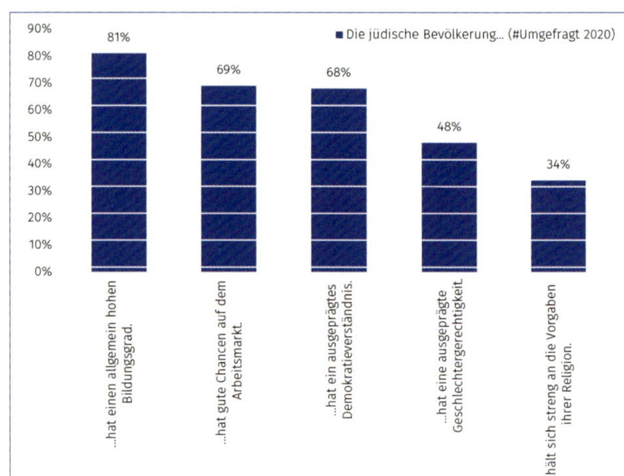

Abbildung 30: Soziodemographische Einschätzung von Juden – #Umgefragt 2020

Abbildung 31: Soziodemographische Einschätzung von Juden nach Konfessionen – #Umgefragt 2020

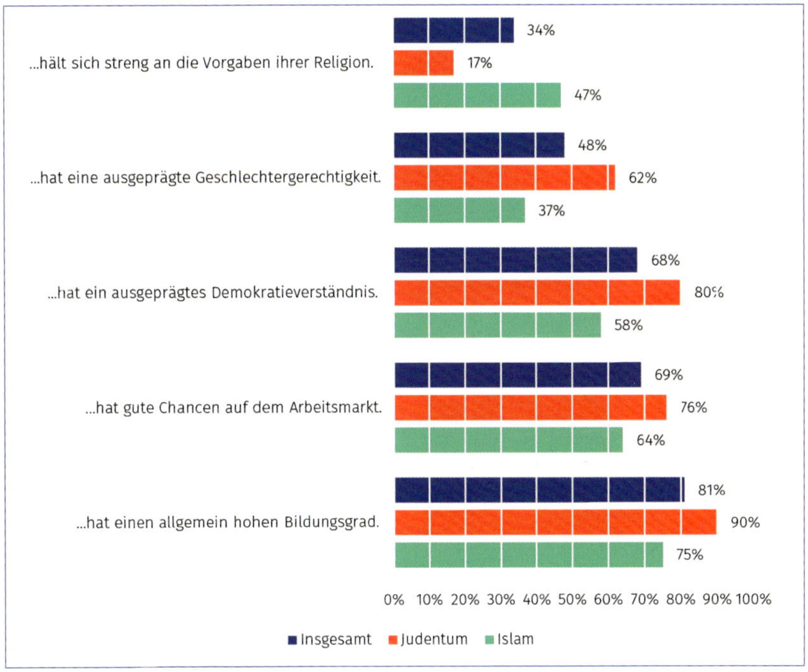

Essen, Fastenzeiten, Einhaltung des Schabbats. Dass dies eher nicht auf die jüdische Bevölkerung zutreffe, meinte fast die Hälfte der Befragten (49 %).

Juden stimmten allen Aussagen – mit Ausnahme der Aussage, dass die jüdische Bevölkerung sich streng an die Vorgaben ihrer Religion halte – überdurchschnittlich häufig zu. Muslimische Befragte stimmten allen Aspekten tendenziell weniger zu, bis auf die strenge Einhaltung religiöser Vorgaben, die wie bereits erwähnt wiederum von jüdischen Befragten am wenigsten bejaht wurde. Nichtjüdische Befragte, die regelmäßig oder gelegentlich Kontakt zu Juden haben, stimmten allen Aussagen – mit Ausnahme der strengen Befolgung der Vorgaben der Religion – deutlich häufiger zu als diejenigen, die höchstens selten Kontakt zu Juden haben. Bei allen Aspekten gab es einen relativ großen Anteil unter den Befragten, (zwischen 14 und 24 %), die diese Aspekte nicht einschätzen konnten („weiß nicht").

Die jüdische Bevölkerung ...	**Gesamt**	**Geschlecht**		**Alter**			
Übersichtstabelle: stimme voll und ganz/eher zu		Männer	Frauen	18-29 Jahre	30-44 Jahre	45-59 Jahre	60 J. und älter
Basis (100%)	*1004*	*491*	*513*	*143*	*247*	*271*	*343*
hat einen allgemein hohen Bildungsgrad	68%	71%	66%	62%	67%	62%	77%
hält sich streng an die Vorgaben ihrer Religion, wie z.B. Gebetszeiten, koscheres Essen, Fastenzeiten, Einhaltung des Schabbats	54%	55%	53%	49%	49%	51%	61%
hat gute Chancen auf dem Arbeitsmarkt	53%	60%	47%	47%	56%	51%	55%
hat ein ausgeprägtes Demokratieverständnis	52%	57%	48%	63%	52%	39%	59%
hat eine ausgeprägte Geschlechtergerechtigkeit	29%	31%	27%	40%	31%	19%	31%

Abbildung 32: Soziodemographische Einschätzung von Juden nach Geschlecht & Alter – Antisemitismus und Muslimfeindlichkeit 2021

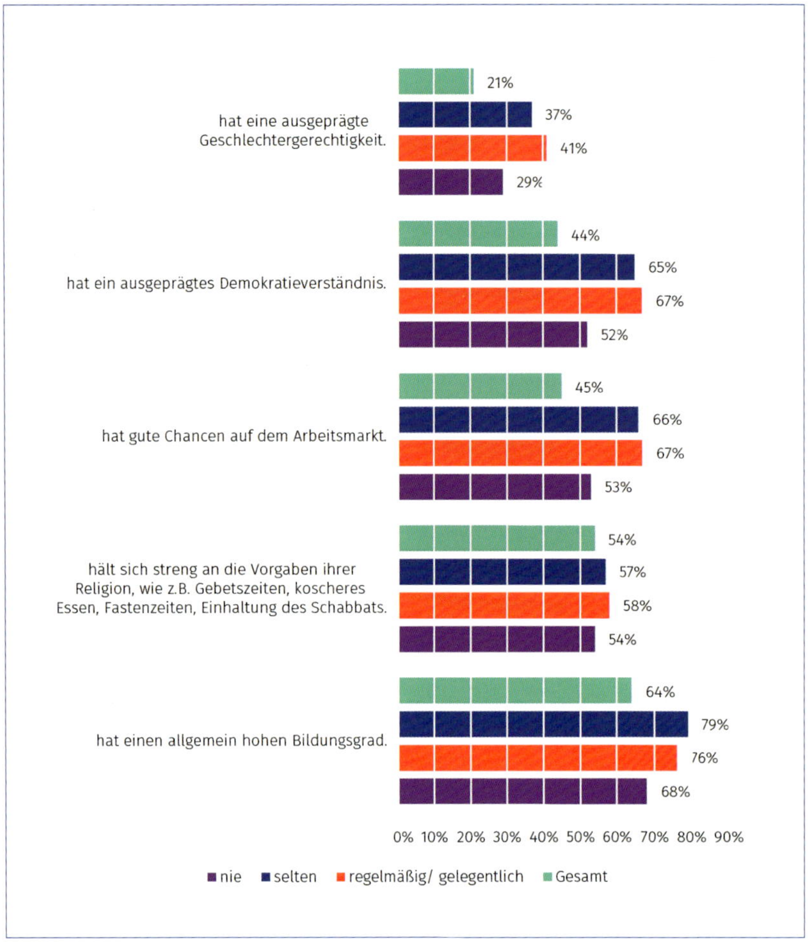

Abbildung 33: Soziodemographische Einschätzung von Juden nach Kontakt zu Juden – Antisemitismus und Muslimfeindlichkeit 2021

Die Gesamtbevölkerung hat bei der Beurteilung wiederum andere Schwerpunkte. Generell war die Zustimmungsrate zu den Antwortoptionen – bis auf die Einhaltung religiöser Vorgaben – geringer. Zwei Drittel (68 %) der Befragten stimmten der Aussage, die jüdische Bevölkerung in Deutschland habe einen allgemein hohen Bildungsgrad, voll und ganz bzw. eher zu. Jeweils etwas über die Hälfte meinte, dass sich die jüdische Bevölkerung in Deutschland streng an die Vorgaben ihrer Religion hält (also z. B. Gebetszeiten, koscheres Essen, Fastenzeiten oder die Einhaltung des Schabbats) (54 %) und über gute Chancen auf dem Arbeitsmarkt (53 %) sowie ein ausgeprägtes Demokratieverständnis (52 %) verfügt. Der Aussage, dass die jüdische Bevölkerung in Deutschland eine ausgeprägte Geschlechtergerechtigkeit habe, stimmte weniger als ein Drittel (29 %) der Befragten voll und ganz bzw. eher zu. Nach Geschlechtern ausdifferenziert stimmten 31 Prozent der männlichen Befragten dieser Aussage zu und 27 Prozent der weiblichen. Der Anteil derjenigen, die keine Einschätzung abgeben mochten oder konnten, fiel bei allen abgefragten Aussagen hoch aus; bezüglich der Geschlechtergerechtigkeit trauten sich sogar 42 Prozent der Befragten keine Beurteilung zu.

Personen, die zumindest selten persönlichen Kontakt zu Juden haben, meinten häufiger als Personen, bei denen dies nie der Fall ist, dass die jüdische Bevölkerung einen allgemein hohen Bildungsgrad, gute Chancen auf dem Arbeitsmarkt, ein ausgeprägtes Demokratieverständnis sowie eine ausgeprägte Geschlechtergerechtigkeit habe. Diejenigen, die nie persönlichen Kontakt zu Juden haben, trauten sich noch häufiger als der Durchschnitt aller Befragten keine Einschätzung der jüdischen Bevölkerung zu. Dementsprechend machten sie überdurchschnittlich häufig keine Angaben bzw. antworteten, zu den Fragen nichts zu wissen.

Muslime

Sowohl innerhalb der #Umgefragt-Befragten wie auch der Gesamtbevölkerung fiel die Einschätzung der muslimischen Bevölkerung überwiegend negativer aus als die der jüdischen. 58 Prozent der #Umgefragt-Teilnehmenden meinten, die muslimische Bevölkerung halte sich streng an die Vorgaben ihrer Religion. 32 Prozent gaben an, sie habe ein ausgeprägtes Demokratieverständnis, 21 Prozent, sie habe einen all-

Abbildung 34: Soziodemographische Einschätzung von Muslimen – #Umgefragt 2020

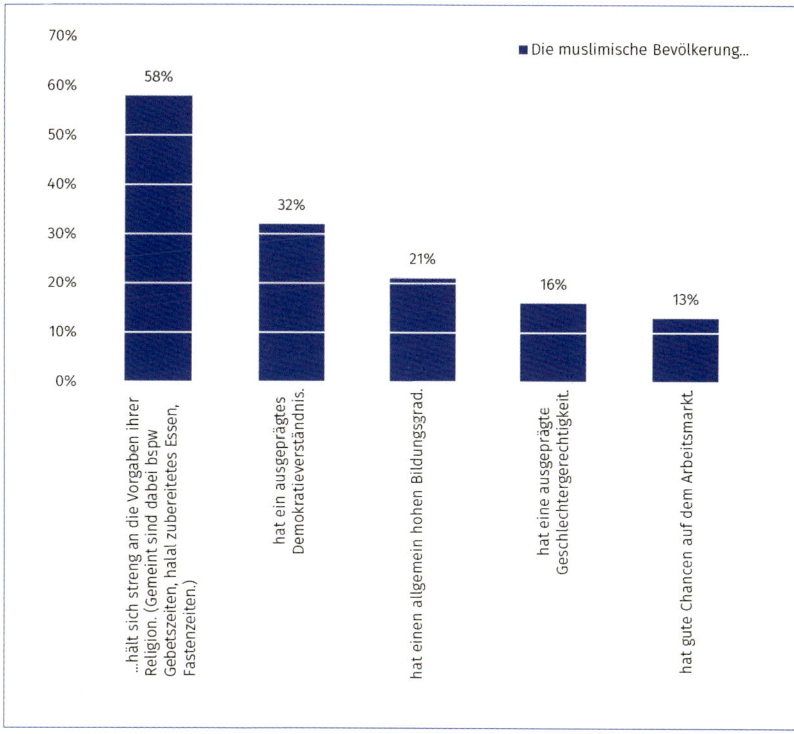

gemein hohen Bildungsgrad. Dass die muslimische Bevölkerung eine ausgeprägte Geschlechtergerechtigkeit habe, meinten 16 Prozent. 13 Prozent sahen bei der muslimischen Bevölkerung gute Chancen auf dem Arbeitsmarkt. Muslime selbst meinten häufiger als die Angehörigen anderer Konfessionen, dass die muslimische Bevölkerung ein ausgeprägtes Demokratieverständnis, einen allgemein hohen Bildungsgrad sowie eine ausgeprägte Geschlechtergerechtigkeit habe.

Juden waren häufiger als der Durchschnitt aller Befragten der Meinung, dass die muslimische Bevölkerung gute Chancen auf dem Arbeitsmarkt habe (22 % im Vergleich zum Durchschnitt von 13 %). Die Einschätzungen unterscheiden sich nur wenig zwischen den nicht-muslimischen Befragten, die regelmäßig oder gelegentlich Kontakt zu Muslimen haben, und denen, die sehr selten oder nie Kontakt zu Muslimen haben. Jene mit regelmäßigen Kontakten gingen weniger von einem allgemein hohen Bildungsgrad und der strengen Einhaltung von Vorgaben der Religion aus, eher von guten Chancen auf dem Arbeitsmarkt, einem ausgeprägten Demokratieverständnis und einer ausgeprägten Geschlechtergerechtigkeit.

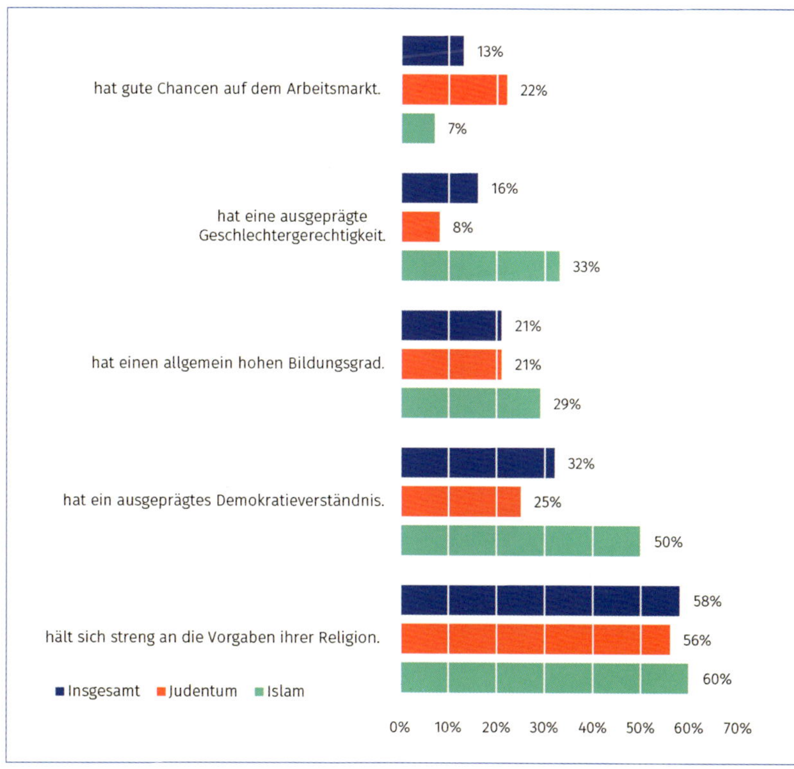

Abbildung 35: Soziodemographische Einschätzung von Muslimen nach Konfessionen – #Umgefragt 2020

Die muslimische Bevölkerung ... Übersichtstabelle: stimme voll und ganz/eher zu	Gesamt	Geschlecht		Alter			
		Männer	Frauen	18-29 Jahre	30-44 Jahre	45-59 Jahre	60 J. und älter
Basis (100%)	*1004*	*491*	*513*	*143*	*247*	*271*	*343*
hält sich streng an die Vorgaben ihrer Religion, wie z.B. Gebetszeiten, halal zubereitetes Essen, Fastenzeiten	67%	68%	67%	69%	64%	65%	71%
hat gute Chancen auf dem Arbeitsmarkt	19%	23%	16%	23%	18%	16%	21%
hat ein ausgeprägtes Demokratieverständnis	11%	10%	12%	23%	14%	6%	7%
hat einen allgemein hohen Bildungsgrad	9%	9%	9%	20%	6%	7%	8%
hat eine ausgeprägte Geschlechtergerechtigkeit	7%	6%	8%	11%	6%	6%	7%

Abbildung 36: Soziodemographische Einschätzung von Muslimen nach Geschlecht und Alter – Antisemitismus und Muslimfeindlichkeit 2021

Eine tendenziell negativere Einordnung bzgl. Muslimen fand sich in der Gesamtbevölkerung. Zwei Drittel (68 %) der Bürger meinten, dass sich die muslimische Bevölkerung in Deutschland streng an die Vorgaben ihrer Religion halte (also z. B. Gebetszeiten, halal zubereitetes Essen oder Fastenzeiten). Bei allen anderen abgefragten Aussagen zur muslimischen Bevölkerung war der Anteil der Zustimmenden deutlich geringer als bei der jüdischen Bevölkerung: 19 Prozent waren der Meinung, dass die muslimische Bevölkerung gute Chancen auf dem Arbeitsmarkt habe. 11 Prozent attestierten ihr ein ausgeprägtes Demokratieverständnis und 9 Prozent einen allgemein hohen Bildungsgrad. Dass die muslimische Bevölkerung in Deutschland eine ausgeprägte Geschlechtergerechtigkeit habe, meinten nur 7 Prozent der Befragten. Von den männlichen Befragten gaben dies 6 Prozent an und von den weiblichen 8 Prozent. Der Anteil derjenigen, die sich keine Einschätzung zutrauten, war auch hier bei allen Aussagen recht hoch. Er fiel jedoch geringer aus als bei der Einschätzung der jüdischen Bevölkerung. Unter 30-Jährige gaben überdurchschnittlich häufig an, dass die muslimische Bevölkerung in Deutschland über ein ausgeprägtes Demokratieverständnis sowie einen allgemein hohen Bildungsgrad verfüge.

Vorurteile:

Zur Einschätzung der gegenseitigen Wahrnehmung von Juden, Muslimen sowie der gesamtgesellschaftlichen Perspektive auf diese gehörte auch die Erhebung möglicher bestehender Vorurteile.

2019:

Im Jahr 2019 wurden die Teilnehmenden der Stimmungsbilder-Studie zu ihrer Zustimmung/Ablehnung zu einigen Aussagen in Bezug auf das Judentum und den Islam befragt, die in den öffentlichen Debatten wiederholt hörbar sind. Fast alle Befragten (97 %) meinten, das Judentum gehöre zu Deutschland. 89 Prozent meinten, wir würden gegenwärtig eine Radikalisierung der Gesellschaft erleben. Dass der Nahostkonflikt das Leben von Juden und Muslimen in Deutschland beeinflusse, gaben 86 Prozent an. 85 Prozent der Befragten meinten, der Islam gehöre zu Deutschland. 77 Prozent der Befragten sahen einen Zusammenhang zwischen den Fluchtbewegungen und dem Anstieg von Islamfeindlichkeit. Nur eine Minderheit der Befragten meinte, dass der Nahostkonflikt durch Flüchtende nach Deutschland gebracht werde (31 %), dass politische Bewegungen eine Bedrohung für religiöse Menschen seien (28 %), dass ihr persön-

Abbildung 37: Zustimmung Vorurteile Judentum und Islam – Stimmungsbilder 2019

Aussagen in Bezug auf das Judentum und den Islam aus öffentlichen Debatten *Übersichtstabelle: stimme vollkommen zu*	**Gesamt**	**Religion**	
		Judentum	Islam
Basis (100%)	*214*	*62*	*83*
Das Judentum gehört zu Deutschland.	97%	94%	99%
Gegenwärtig erleben wir eine Radikalisierung der Gesellschaft.	89%	89%	89%
Der Nahost-Konflikt beeinflusst das Leben von Juden und Muslimen in Deutschland.	86%	89%	80%
Der Islam gehört zu Deutschland.	85%	71%	98%
Es gibt einen Zusammenhang zwischen den Fluchtbewegungen und dem Anstieg von Islamfeindlichkeiten.	77%	74%	77%
Der Nahostkonflikt wird durch Flüchtende nach Deutschland gebracht.	31%	42%	20%
Politische Bewegungen sind eine Bedrohung für religiöse Menschen.	28%	23%	35%
Durch den Nahostkonflikt wurde mein persönliches Bild von Muslimen negativ beeinflusst.	23%	32%	13%
Muslimische Geflüchtete sind für den Anstieg des Antisemitismus in Deutschland verantwortlich.	23%	44%	1%
Durch den Nahostkonflikt wurde mein persönliches Bild von Juden negativ beeinflusst.	20%	3%	28%
In Deutschland findet derzeit eine Islamisierung statt.	8%	18%	1%
Juden haben in der deutschen Gesellschaft einen zu hohen Einfluss.	6%	-	13%

liches Bild von Muslimen (23 %) oder Juden (20 %) durch den Nahostkonflikt beeinflusst worden sei. 23 Prozent der Befragten machten muslimische Geflüchtete für den Anstieg des Antisemitismus in Deutschland verantwortlich. Dass in Deutschland derzeit eine Islamisierung stattfinde, meinten 8 Prozent. 6 Prozent fanden, dass Juden in der deutschen Gesellschaft einen zu hohen Einfluss hätten. Die befragten Muslime meinten häufiger als Juden, dass der Islam zu Deutschland gehöre und das durch den Nahostkonflikt ihr persönliches Bild von Juden negativ beeinflusst worden sei. Die befragten Juden meinten häufiger als Muslime, dass der Nahostkonflikt durch Flüchtende nach Deutschland gebracht werde, dass ihr Bild von Muslimen durch diesen Konflikt negativ beeinflusst worden sei und dass muslimische Geflüchtete für den Anstieg des Antisemitismus in Deutschland verantwortlich seien.

2020:

Auf den Tendenzen aufbauend, dass jüdische und muslimische Befragte unterschiedliche Gewichtungen in den Antworten zeigten, erhob die Umfrage des Jahres 2020 die dahingehenden Meinungen separat. Den nicht-jüdischen Befragten wurden verschiedene Aussagen vorgegeben, die des Öfteren in Medien zu finden waren, mit der Bitte, jeweils anzugeben, wie sehr sie diesen Aussagen zustimmen. 33 Prozent meinten, im Gegensatz zu anderen Minderheiten würden Juden in Deutschland bevorzugt behandelt. Dass Juden einen starken Einfluss auf die Politik in Deutschland hätten, gaben 27 Prozent an. 26 Prozent sahen Juden als sehr stark in den Medien präsent an und 20 Prozent meinten, in Deutschland lebende Juden hätten eine engere Beziehung zu Israel als zu Deutschland. Jeweils eine Mehrheit der Befragten (zwischen 51 und 67 %) stimmte den Aussagen jedoch nicht zu. Hinsichtlich der Frage, ob in Deutschland lebende Juden eine engere Beziehung zu Israel als zu Deutschland hätten, trauten sich relativ viele (29 %) keine Einschätzung zu („weiß nicht"). Angehörige des Islam stimmten allen Aussagen über Juden etwas häufiger zu als Angehörige anderer Konfessionen.

Stereotype Aussagen zur muslimischen Bevölkerung erhielten in Relation wesentlich höhere Zustimmungsraten. 72 Prozent der Befragten meinten, viele Muslime würden sich hierzulande mit den Palästinensern im Nahostkonflikt solidarisieren. Dass viele Mus-

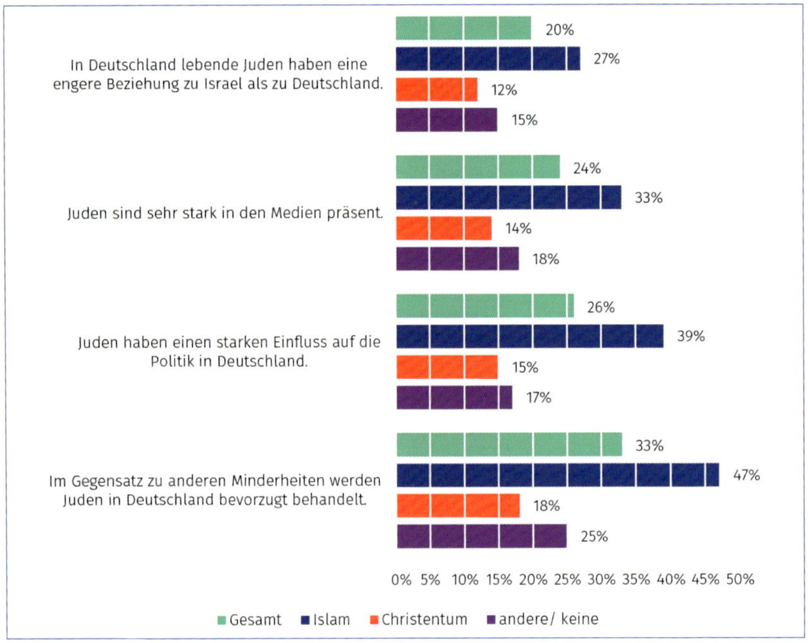

Abbildung 38: Zustimmung stereotype Aussagen über Juden – #Umgefragt 2020

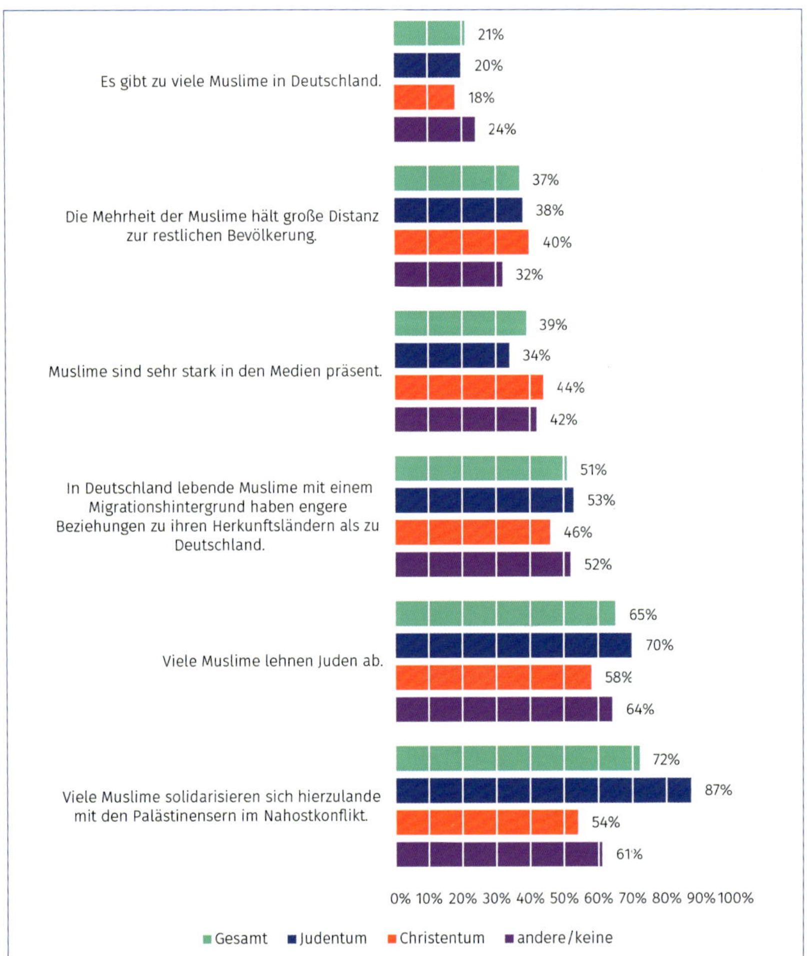

Abbildung 39: Zustimmung stereotype Aussagen über Muslime – #Umgefragt 2020

lime Juden ablehnen würden, meinten 65 Prozent. 51 Prozent der Befragten sind der Meinung, in Deutschland lebende Muslime mit einem Migrationshintergrund hätten engere Beziehungen zu ihren Herkunftsländern als zu Deutschland. Dass Muslime sehr stark in den Medien präsent seien, meinten 39 Prozent und 37 Prozent meinten, die Mehrheit der Muslime würde große Distanz zur restlichen Bevölkerung halten. Dass es zu viele Muslime in Deutschland gebe, gaben 20 Prozent an. Juden meinten häufiger als Angehörige anderer oder keiner Konfession, dass sich viele Muslime hierzulande mit den Palästinensern im Nahostkonflikt solidarisieren und viele Muslime Juden ablehnen würden.

Nicht-muslimische Befragte, die sehr selten oder nie Kontakt zu Muslimen haben, stimmten überdurchschnittlich häufig zu, dass viele Muslime Juden ablehnen würden. Die abgefragten Aussagen orientierten sich an gängigen Befragungen zu Antisemitismus und Muslimfeindlichkeit.[1]

Abbildung 40: Zustimmung stereotype Aussagen über Muslime im Vergleich zu Grad an Kontakt zu Muslimen – #Umgefragt 2020

Stereotype Aussagen über Muslime	*Kontakt zu Muslimen* Ja, regelmäßig/ gelegentlich	sehr oft	selten/ nie
Basis (100%)	*697*	*589*	*100*
Viele Muslime solidarisieren sich hierzulande mit. den Palästinensern im Nahostkonflikt.	72%	73%	70%
Viele Muslime lehnen Juden ab.	65%	64%	77%
In Deutschland lebende Muslime mit einem Migrationshintergrund haben engere Beziehungen zu ihren Herkunftsländern als zu Deutschland.	51%	51%	58%
Muslime sind sehr stark in den Medien präsent.	39%	39%	36%
Die Mehrheit der Muslime hält große Distanz zur restlichen Bevölkerung.	37%	35%	49%
Es gibt zu viele Muslime in Deutschland.	21%	19%	29%

2021

Um eine Vergleichsebene zu haben, wie sich Vorurteile unter am jüdisch-muslimischen Dialog Interessierten und der Gesamtbevölkerung verteilen, nahm die repräsentative Befragung des Jahres 2021 einige abgefragte Aussagen auf.

Die Zustimmungsrate zu antisemitischen Vorurteilen über Juden war nahezu identisch mit den Resultaten der #Umgefragt-Studie. Geringfügig häufiger empfand die Gesamtbevölkerung eine Bevorzugung von Juden im Gegensatz zu anderen Minderheiten in Deutschland (35 % zu 33 %) und eine starke Präsenz von Juden in den Medien (circa 25 %). Tendenziell etwas weniger Befragte gaben an, dass Juden einen starken Einfluss auf die Politik in Deutschland hätten (24 % zu 27 %), und gleich viele sahen bei ihnen eine engere Beziehung zu Israel als zu Deutschland (20 %).

Stärkere Schwankungen gibt es wiederum in der Wahrnehmung von Muslimen. Doppelt so viele Befragte (40 % zu 20 %) meinten, dass es zu viele Muslime in Deutschland gebe. Mehr Befragte gaben an, dass die Mehrheit der Muslime große Distanz zur restlichen Bevölkerung halte (52 % zu 36 %). Gleichfalls waren mehr Personen der Meinung, dass in Deutschland lebende Muslime mit einem Migrationshintergrund engere Beziehungen zu ihren Herkunftsländern hätten

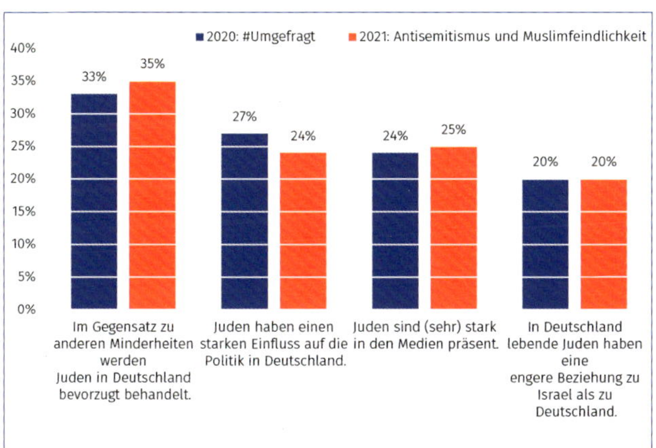

Abbildung 41: Zustimmungsrate stereotype Aussagen über Juden, Vergleich #Umgefragt 2020 und Antisemitismus und Muslimfeindlichkeit 2021

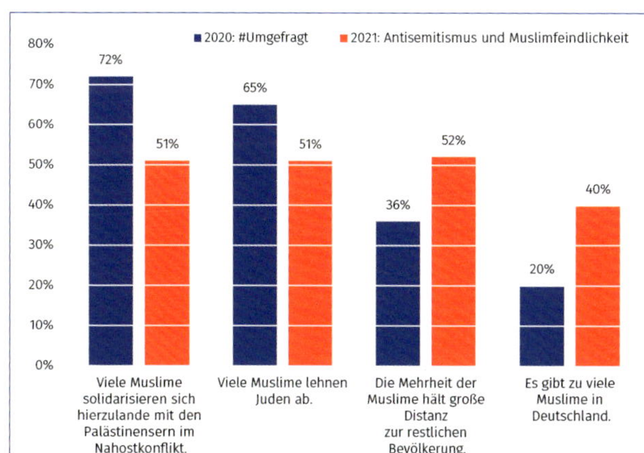

Abbildung 42: Zustimmungsrate stereotype Aussagen über Muslime, Vergleich #Umgefragt 2020 und Antisemitismus und Muslimfeindlichkeit 2021

Zusammenfassung Selbst- und Fremdwahrnehmung von Juden und Muslimen:

Ein Großteil aller Befragten hat eher Kontakt zu Muslimen als zu Juden. Eine Mehrheit der Interessierten am jüdisch-muslimischen Dialog hat selten Kontakt zu Juden und die Gesamtbevölkerung überwiegend selten oder nie. Juden und Muslime werden in der Gesamtbevölkerung negativer eingestuft als bei den Dialog Interessierten. Die Beziehungen zwischen Juden und Muslimen deuten am jüdisch-muslimischen Dialog Interessierte eher negativ. Ein Großteil aller Befragten sieht bei der jüdischen Bevölkerung einen hohen Bildungsgrad, gute Chancen auf dem Arbeitsmarkt und ein ausgeprägtes Demokratieverständnis. Am jüdisch-muslimischen Dialog Interessierte sehen zur Hälfte eine ausgeprägte Geschlechtergerechtigkeit bei der jüdischen Bevölkerung und am wenigsten die Einhaltung von religiösen Vorgaben. Die Gesamtbevölkerung sieht wiederum nur eine gering ausgeprägte Geschlechtergerechtigkeit bei Juden und dafür eine höhere Einhaltung von religiösen Vorgaben. Sowohl innerhalb der #Umgefragt-Befragten wie auch der Gesamtbevölkerung fällt die Einschätzung der muslimischen Bevölkerung bzgl. derselben Kriterien überwiegend negativ aus. Am ehesten sehen Befragte bei ihnen eine Einhaltung der Vorgaben ihrer Religion. Die Gesamtbevölkerung urteilt im Schnitt negativer über Muslime. Ein Viertel bis zu einem Drittel der Befragten stimmt Vorurteilen über Juden zu, die zumindest latent antisemitisch sind. Am höchsten sehen Befragte eine Bevorzugung von Juden vor anderen Minderheiten in Deutschland, gefolgt von einem vermeintlichen starken Einfluss, den sie auf die deutsche Politik haben. Am ehesten stimmen muslimische Befragte allen Aussagen zu. In der Gesamtbevölkerung ist die Zustimmung zu den Aussagen nahezu deckungsgleich. Vorurteilsbehafteten Aussagen über Muslime stimmen wiederum über die Hälfte zu: am ehesten, dass sich deutsche Muslime mit Palästinensern im Nahostkonflikt solidarisieren und Juden ablehnen würden und engere Beziehungen zu ihren Herkunftsländern hätten als zu Deutschland. Über die Hälfte der Gesamtbevölkerung meint, die Mehrheit der Muslime in Deutschland halte eine große Distanz zur restlichen Bevölkerung. Mehr als jeder dritte Deutsche denkt, dass es zu viele Muslime in Deutschland gebe. Dass deutsche Muslime sich mit Palästinensern solidarisieren und Juden ablehnen würden, denken wiederum mit der Hälfte weniger Befragte als bei den Interessierten am jüdisch-muslimischen Dialog.

In der Summe lässt sich sagen, dass die Vorurteile gegenüber Juden zwischen den Interessierten am jüdisch-muslimischen Dialog sowie der Gesamtbevölkerung ähnlich stark verteilt sind. Bei Aussagen über Muslime stimmen Interessierte eher stereotypen Aussagen mit Bezug zum Nahostkonflikt und Antisemitismus unter Muslimen zu. Die Gesamtbevölkerung hat hingegen eine signifikante Zustimmungsrate bei negativen Aussagen, die sich direkt gegen deutsche Muslime richten.

Relevante Beobachtungen für den Dialog sind, dass Befragte, die persönlich Bekanntschaft mit Juden und Muslimen haben, in ihrem Antwortverhalten moderater/positiver gegenüber den beiden Gruppen eingestellt sind bzw. ähnlich den jeweiligen Gruppen antworten. Sie schätzten die soziodemographischen Positionen von Juden und Muslimen positiver ein. Personen, die wiederum nie oder nur selten Kontakt zu Juden haben, trauten sich am wenigsten eine Einschätzung zu. Jene, die wiederum kaum oder gar nicht mit Muslimen bekannt sind, meinten überdurchschnittlich häufig, dass Muslime Juden ablehnen.

als zu Deutschland (66 % zu 51 %). Wesentlich weniger Befragte gaben wiederum an, dass sich Muslime hierzulande mit den Palästinensern im Nahostkonflikt solidarisieren (51 % zu 72 %) und dass viele Muslime Juden ablehnen würden (65 % zu 51 %).

Diskriminierungserfahrungen

Ein zentrales Ziel der sozialwissenschaftlichen Forschung von Schalom Aleikum ist es, Probleme und Herausforderungen aufzuzeigen, denen Juden und Muslime aufgrund ihrer religiösen und kulturellen Herkunft ausgesetzt sind. Schon bei der Stimmungsbilder-Studie im Jahr 2019 wurden Teilnehmende zu ihren Diskriminierungserfahrungen befragt. Die Einstiegsfrage in diesen Bereich widmete sich der Definition von Diskriminierung, mit der Möglichkeit, eigene Angaben einzutragen. Eine inhaltliche Analyse und quantitative Auszählung der Antworten ergab, dass Diskriminierung für etwas mehr als ein Drittel der Befragten (36 %) vor allem Benachteiligung bzw. eine Ungleichbehandlung bedeutete. Nahezu jeder Dritte (29 %) beschrieb Diskriminierung als Ausgrenzung oder Ausschluss. 22 Prozent verstanden unter dem Begriff eine Abwertung, Herabsetzung oder Kränkung, jeder zehnte Befragte (10 %) sah in Diskriminierung aggressive Feindlichkeit bzw. Rassismus. Muslime sahen etwas häufiger als Juden eine Benachteiligung oder Ungleichbehandlung in der Begrifflichkeit von Diskriminierung, wohingegen jüdische

Abbildung 43: Definition von Diskriminierung – Stimmungsbilder 2019

Offene Nennungen zum Begriff „Diskriminierung" - Stimmungsbilder 2019	Gesamt	Religion			
		Judentum	Islam	Christentum	andere/keine
Basis (100%)	*214*	*62*	*83*	*44*	*25*
Benachteiligung/Ungleichbehandlung	36%	23%	46%	45%	24%
Ausgrenzung/Ausschluss	29%	24%	25%	36%	40%
Abwertung/Herabsetzung/Kränkung	22%	16%	19%	27%	40%
aggressive Feindlichkeit/Rassismus	10%	5%	10%	16%	12%
Vorurteile/ Klischeedenken	5%	8%	2%	9%	-
Sonstiges	10%	13%	8%	11%	4%
weiß nicht/ k.A.	21%	34%	19%	9%	20%

Befragte etwas häufiger auf Vorurteile oder Klischees im Zusammenhang mit Diskriminierung verwiesen.

Nach ihren Diskriminierungserfahrungen gefragt, antworteten 48 Prozent, aufgrund der Religion schon einmal benachteiligt worden zu sein. 25 Prozent wurden noch nie benachteiligt. 37 Prozent wurden wegen ihres äußeren Erscheinungsbildes, 36 Prozent wegen ihres Geschlechts und 32 Prozent wegen ihrer ethnischen Herkunft benachteiligt. Benachteiligung aufgrund ihres Alters haben 15 Prozent, aufgrund der Sprache 14 Prozent schon einmal erlebt. Wegen einer Behinderung oder aus anderen Gründen wurden nur wenige (3 bzw. 4 %) schon einmal benachteiligt. Muslime wurden häufiger aufgrund ihrer Religion, ihres äußeren Erscheinungsbildes oder ihrer ethnischen Herkunft schon einmal benachteiligt.

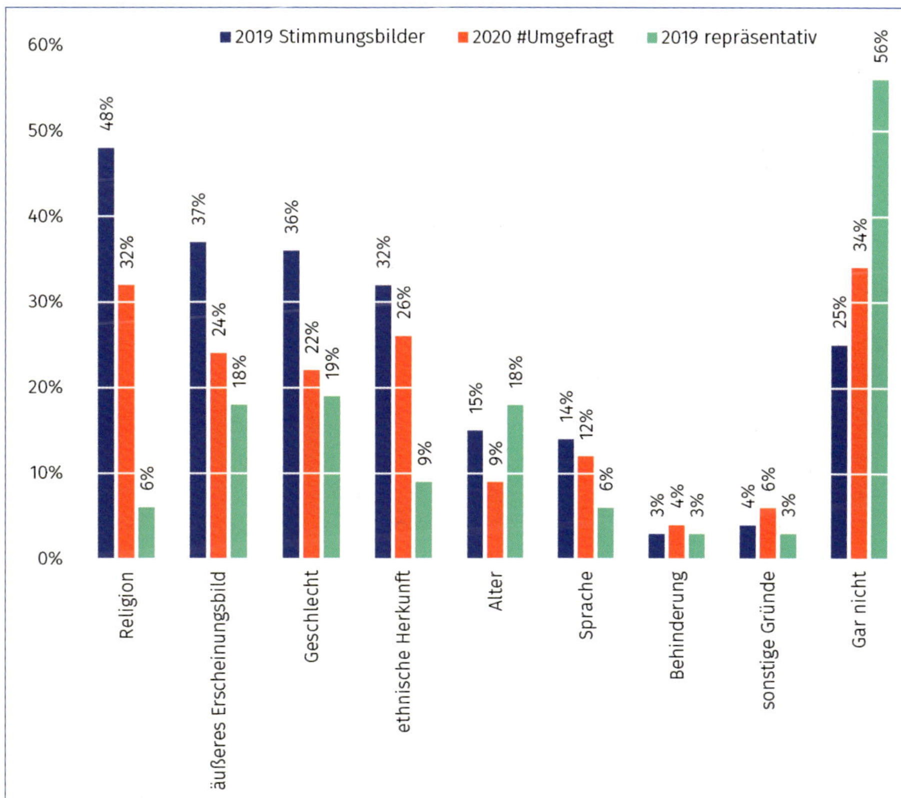

Abbildung 44: Gründe für Diskriminierung, Studien im Vergleich

Auch die größere #Umgefragt-Studie (2020) bestätigte diese Tendenzen unter den Befragten. Insgesamt wurden 61 Prozent der Befragten in den letzten 12 Monaten auf irgendeine Art und Weise benachteiligt, ausgegrenzt oder bedroht. Fast jeder Dritte (32 %) wurde aufgrund seiner Religion,

Diskriminierungserfahrungen	2019 Stimmungsbilder			2019 repräsentativ	2020 #Umgefragt		
Benachteiligt aufgrund:	schon einmal	Juden	Muslime		letzte 12 M.	Juden	Muslime
Religion	*48%*	*42%*	*78%*	*6%*	*32%*	*40%*	*54%*
äußeres Erscheinungsbild	*37%*	*15%*	*61%*	*18%*	*24%*	*15%*	*42%*
Geschlecht	*36%*	*39%*	*34%*	*19%*	*22%*	*23%*	*23%*
ethnische Herkunft	*32%*	*23%*	*57%*	*9%*	*26%*	*19%*	*51%*
Alter	*15%*	*11%*	*8%*	*18%*	*9%*	*12%*	*4%*
Sprache	*14%*	*15%*	*19%*	*6%*	*12%*	*11%*	*22%*
Behinderung	*3%*	*0%*	*2%*	*3%*	*4%*	*2%*	*3%*
sonstige Gründe	*4%*	*2%*	*5%*	*3%*	*6%*	*2%*	*4%*
Gar nicht	*25%*	*37%*	*8%*	*56%*	*34%*	*37%*	*19%*

Abbildung 45: Gründe für Diskriminierung, aufgeteilt nach Gesamtbevölkerung, Juden, Muslimen – Studien im Vergleich

jeder Vierte aufgrund der ethnischen Herkunft (26 %) oder des äußeren Erscheinungsbildes (24 %) benachteiligt, ausgegrenzt oder bedroht. Bei jedem Fünften kam es zu einer Diskriminierungserfahrung aufgrund des Geschlechts (22 %) oder der Weltanschauung (21 %). Aufgrund der Sprache haben 12 Prozent, aufgrund ihres Alters 9 Prozent, aufgrund eines geringen Einkommens 8 Prozent und aufgrund der sexuellen Orientierung 7 Prozent eine Diskriminierungserfahrung erlebt. Wegen ihres Bildungsstandes oder einer körperlichen Beeinträchtigung wurden jeweils 4 Prozent in den letzten zwölf Monaten benachteiligt, ausgegrenzt oder bedroht. Frauen gaben häufiger als Männer an, wegen ihres Geschlechts, ihres äußeren Erscheinungsbildes oder ihres Alters diskriminiert worden zu sein. Männer wurden hingegen etwas häufiger als Frauen aufgrund ihrer Sprache diskriminiert. Unter 50-Jährige haben insgesamt in den letzten zwölf Monaten deutlich häufiger als über 50-Jährige Diskriminierungen erlebt. Christen gaben deutlich seltener als die Angehörigen der anderen oder keiner Religion an, in den letzten zwölf Monaten auf irgendeine Art und Weise ausgegrenzt, benachteiligt oder bedroht worden zu sein. Dass sie wegen ihrer Religion, ihrer ethnischen Herkunft oder ihres äußeren Erscheinungsbildes diskriminiert wurden, gaben Muslime deutlich häufiger an als andere Befragte.

Die Gesamtbevölkerung erfährt im Vergleich wesentlich weniger Diskriminierung, wie es die repräsentative Stichprobe des Jahres 2019 ergab. Von der Gesamtbevölkerung gaben deutlich weniger Befragte als von den im Rahmen des Dialogprojekts Befragten an, schon einmal benachteiligt worden zu sein. Im Verhältnis zu 25 Prozent der Schalom-Aleikum-Teilnehmenden, die explizit angaben, dass sie nicht diskriminiert wurden, gaben dies in der Gesamtbevölkerung 56 Prozent an. Insbesondere aufgrund der Religion wurde kaum jemand (6 %) schon einmal benachteiligt. Am ehesten hingegen wegen des Geschlechts (19 %), wegen des äußeren Erscheinungsbildes (18 %) und wegen des Alters (18 %). Juden und Muslime machen entsprechend überdurchschnittlich starke Diskriminierungserfahrungen. Diese Ergebnisse korrelieren mit Einschätzungen der Veranstaltungsteilnehmenden von Schalom Aleikum. So empfanden beispielsweise 41 Prozent der Besucher der Schalom Aleikum Veranstaltung „Mutige Entdecker bleiben! Jüdische und muslimische Senioren im Gespräch“ (am 29. Oktober 2019 in Osnabrück) die Diskriminierungserfahrung als wichtigste Gemeinsamkeit zwischen Juden und Muslimen.

Die Befragten machten ebenfalls Angaben dazu, an welchen Orten und in welchen Situationen sie diskriminiert wurden. Ein Großteil wurde primär im Berufsleben diskriminiert (57 %), gefolgt von den

Abbildung 46: Diskriminierungsformen nach Religionen – Stimmungsbilder 2019

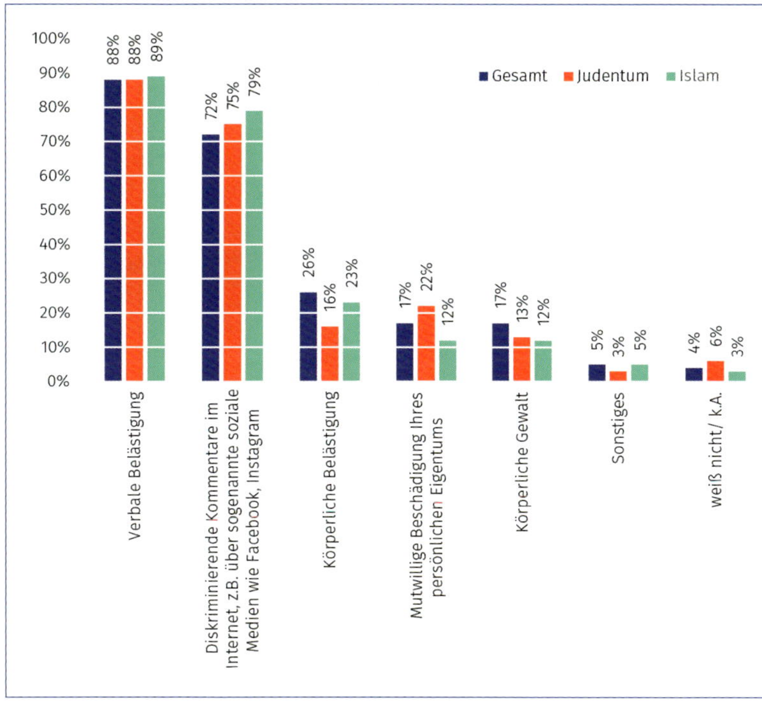

Bereichen „Schule bzw. Hochschule“ (53 %), „Wohnungssuche“ (48 %), „Ämter und Behörden“ (38 %), gefolgt von „Fortbewegung im Alltag“ (37 %). In einem Café oder Restaurant haben 26 Prozent Diskriminierung erfahren, im Gesundheitswesen 25 Prozent, bei der sportlichen Freizeitgestaltung 16 Prozent. Von der Form der Diskriminierung machten 88 Prozent Erfahrung mit verbalen Belästigungen. In dieser Form der Diskriminierung haben 72 Prozent diskriminierende Kommentare im Internet erlebt. Körperliche Belästigung erlebten 26 Prozent, mutwillige Beschädigung oder körperliche Gewalt je 17 Prozent.

	2019 Stimmungsbilder			2020 #Umgefragt		
Benachteiligt:	**Gesamt**	**Juden**	**Muslime**	**Gesamt**	**Juden**	**Muslime**
im Internet oder in sozialen Netzwerken wie z.B. Facebook, Twitter o.ä.	*	*	*	*50%*	51%	53%
im Berufsleben, sei es am Arbeitsplatz oder bei der Arbeitsuche	*57%*	53%	*66%*	*25%*	11%	35%
in der Schule bzw. Hochschule	*53%*	63%	*55%*	*22%*	11%	29%
bei der Wohnungssuche	*48%*	22%	*68%*	*33%*	7%	51%
auf Ämtern und Behörden	*38%*	22%	*48%*	*20%*	9%	29%
in einem Café oder Restaurant	*26%*	16%	*33%*	*17%*	14%	19%
im Gesundheitswesen, wenn Sie ein Krankenhaus oder Arzt aufgesucht haben	*25%*	9%	*36%*	*11%*	4%	17%
bei der sportlichen Freizeitgestaltung, beispielsweise im Fitnessstudio oder in einem Verein	*16%*	9%	*19%*	*7%*	3%	9%
bei der Fortbewegung im Alltag, z.B. in öffentlichen Verkehrsmitteln	*37%*	13%	*49%*	*	*	*
beim Einkaufen	*32%*	16%	*44%*	*	*	*
bei Kulturveranstaltungen z.B. im Kino, im Theater, in der Disco	*	*	*	*12%*	5%	18%
bei Bankgeschäften	*9%*	3%	*12%*	*	*	*
bei Versicherungstarifen oder -prämien	*6%*	3%	*7%*	*	*	*
Sonstiges/ woanders	*5%*	9%	*3%*	*	*	*
weiß nicht/ k.A.	*7%*	9%	*3%*	*	*	*

Die Antworttendenzen der Vorjahre flossen auch hier in die Antwortauswahl der #Umgefragt-Studie ein. Aufgrund der starken Diskriminierungserfahrungen im Internet wurde auch dieser Bereich als eigener Punkt aufgenommen und war eine inhaltlich sinnvolle Ergänzung, wie die Studienergebnisse zeigen. 50 Prozent der Befragten, die in den letzten zwölf Monaten Diskri-

Abbildung 47: Diskriminierung nach Orten – Stimmungsbilder 2019, #Umgefragt 2020

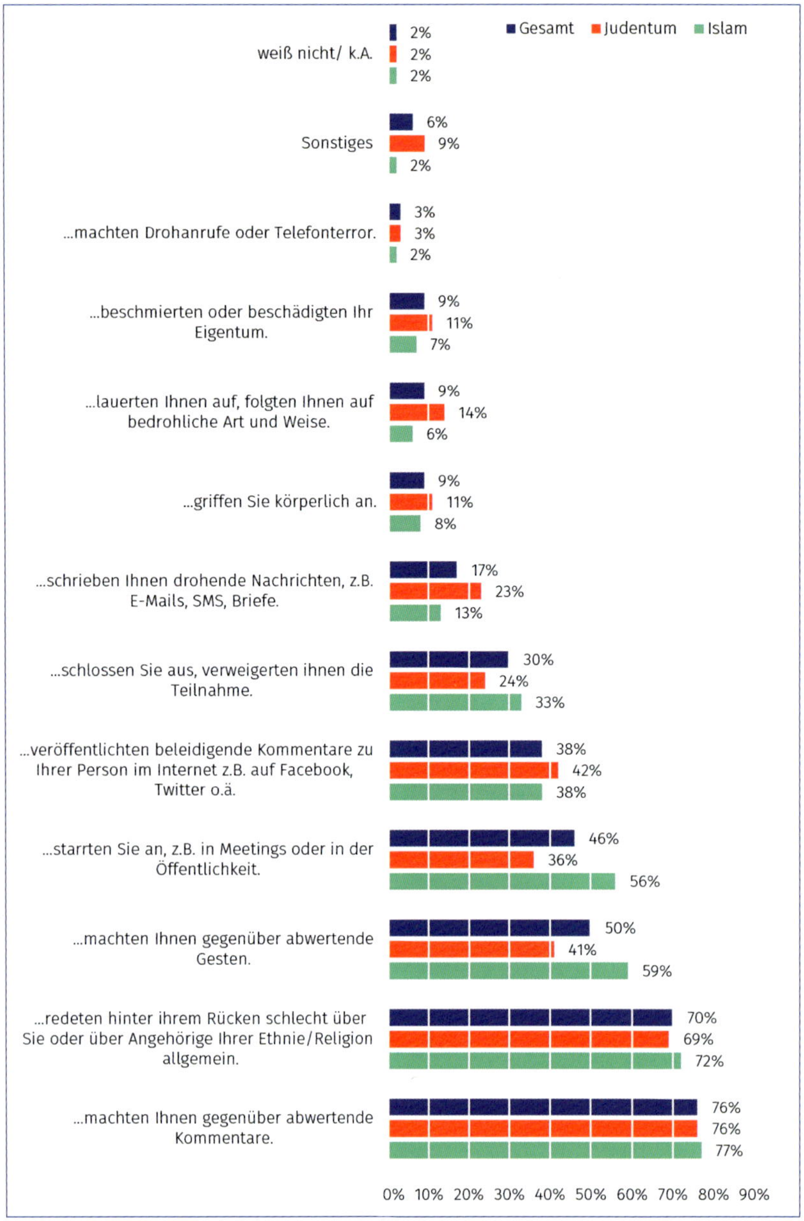

Abbildung 48: Diskriminierung nach Arten von Übergriffen, nach Religionen – #Umgefragt 2020

minierung aufgrund ihrer Religion oder ihrer ethnischen Herkunft erfahren haben, erlebten diese häufig oder sehr häufig im Internet oder in sozialen Netzwerken. 32 Prozent haben bei der Wohnungssuche, 24 Prozent im Berufsleben, also am Arbeitsplatz oder bei der Arbeitssuche, 22 Prozent in Bildungseinrichtungen, 20 Prozent auf Ämtern, bei Behörden oder bei Bankgeschäften und 18 Prozent an öffentlichen Orten (sehr) häufig Diskriminierung erlebt. Männer haben häufiger als Frauen Diskriminierung im Internet oder in sozialen Netzwerken erlebt. Unter 50-Jährige gaben bei allen Bereichen möglicher Diskriminierungserfahrungen häufiger als über 50-Jährige an, diese erlebt zu haben. Während Muslime (sehr) häufig Diskriminierung in verschiedenen Bereichen erlebt haben, konzentriert sich dies bei Juden eher auf das Internet oder soziale Netzwerke, weniger auf andere Bereiche.

Des Weiteren wurden die Befragten, die in den letzten zwölf Monaten aufgrund ihrer Religion oder ethnischen Herkunft Diskriminierungen erfahren haben, gebeten, zu schildern, was genau passiert ist. Die große Mehrheit hat es erlebt, dass andere Personen ihnen gegenüber abwertende Kommentare machten (76 %) oder hinter ihrem Rücken schlecht über sie oder über Angehörige ihrer Ethnie/Religion allgemein sprachen (70 %). 50 Prozent haben es erlebt, dass andere ihnen gegenüber abwertende Gesten machen, 46 Prozent wurden angestarrt. Dass andere beleidigende Kommentare zu ihrer Person im Internet veröffentlichten, mussten 38 Prozent erleben. 30 Prozent wurden durch andere Personen aus Gruppen ausgeschlossen bzw. ihnen wurde die Teilnahme an sozialen Aktivitäten verweigert. Abwertende Gesten und Anstarren haben Muslime häufiger als der Durchschnitt aller Befragten erlebt. Insbesondere indirekte Angriffe über Online-Medien sowie ein abwertendes Verhalten sind ausgeprägte Formen von Diskriminierung gegenüber Juden und Muslimen. Extreme Formen der Diskriminierung kamen selten, aber dennoch vor: 17 Prozent haben drohende Nachrichten wie E-Mails, SMS oder Briefe erhalten. Jeweils 9 Prozent der Befragten gaben an, dass ihnen aufgelauert, bzw. ihnen auf bedrohliche Art und Weise gefolgt wurde oder dass ihr Eigentum beschmiert oder beschädigt wurde. 8 Prozent wurden körperlich angegriffen, 3 Prozent erhielten Drohanrufe oder erlebten Telefonterror.

In der #Umgefragt-Studie wurde auch erhoben, wie benachteiligte Personen mit ihren Erfahrungen umgehen. Die große Mehrheit (77 %) derer, die in den letzten zwölf Monaten aufgrund ihrer Religion bzw. ethnischen Herkunft benachteiligt, ausgegrenzt oder bedroht wurden, hat im Nachgang zu dem letzten Vorfall mit anderen Personen darüber gesprochen oder diesen gemeldet. In den meisten Fällen wurde der Vorfall im Freundeskreis, bei Angehörigen oder in der Familie (73 %) thematisiert. Etwa jeder zehnte Befragte hat den Vorfall bei der Polizei (11 %), bei einer Meldestelle für Antisemitismus/Islamfeindlichkeit (11 %) oder bei der religiösen Gemeinde (10 %) gemeldet. 6 Prozent haben sich an eine Meldestelle für Diskriminierung, 5 Prozent an ihren Arbeitgeber gewandt. 21 Prozent haben im Nachgang zu dem letzten Vorfall nicht mit anderen Personen darüber gesprochen oder diesen gemeldet. Frauen haben häufiger als Männer den letzten Vorfall von Diskriminierung aufgrund ihrer Religion bzw. ethnischen Herkunft thematisiert – vor allem im Freundeskreis, bei Angehörigen oder in der Familie. Juden haben häufiger als andere Befragte im Nachgang zu dem letzten Vorfall mit anderen über diesen Vorfall gesprochen – auch sie haben dies am häufigsten im Freundeskreis, bei Angehörigen oder in der Familie thematisiert. Überdurchschnittlich häufig gaben die befragten Juden mit Diskriminierungserfahrung allerdings auch an, diesen Vorfall bei einer Meldestelle für Antisemitismus bzw. bei ihrer religiösen Gemeinde gemeldet zu haben.

Die Benachteiligungserfahrungen wirken sich ebenfalls auf das zukünftige Verhalten der Befragten in Situationen oder an Orten aus, die sie als potenziell riskant für mögliche Diskriminierungen erfahren hatten oder einschätzten. 2019 gaben Benachteiligte an, dass sie als Konsequenz aus ihren Erfahrungen die aktive Beteiligung auf Social-Media-Plattformen (37 %) meiden, gefolgt von bestimmten Orten in der Öffentlichkeit (17 %). Jeweils 14 Prozent meiden bestimmte Wohnviertel in ihrem Wohnort oder das Verlassen der Wohnung zu späterer Stunde oder am Abend bzw. nachts. 12 Prozent meiden häufig öffentliche Verkehrs-

Kommunikation mit anderen Personen über den Vorfall oder Meldung bei Behörden und Meldestellen. *Filter: Alle Befragte mit Diskriminierungserfahrungen in den letzten 12 Monaten aufgrund ihrer Religion/ethn. Herkunft*	**Gesamt**	**Geschlecht**		**Religionsgemeinschaften**	
		Männer	Frauen	Juden	Muslime
Basis (100%)	*408*	*182*	*217*	*205*	*148*
Ja	***77%***	72%	82%	***75%***	***86%***
Ja, in meinem Freundeskreis, bei Angehörigen oder in der Familie angesprochen	***73%***	67%	77%	***72%***	***78%***
Ja, bei einer Meldestelle für Antisemitismus/ Islamfeindlichkeit gemeldet	***11%***	8%	14%	***4%***	***24%***
Ja, bei der Polizei gemeldet	***11%***	10%	11%	***7%***	***14%***
Ja, bei meiner religiösen Gemeinde gemeldet	***10%***	12%	9%	***8%***	***17%***
Ja, bei einer Meldestelle für Diskriminierung gemeldet	***6%***	4%	8%	***8%***	***3%***
Ja, dem Arbeitgeber gemeldet	***5%***	5%	6%	***5%***	***6%***
Nein	***21%***	27%	17%	***24%***	***13%***
weiß nicht/ k.A.	***1%***	1%	1%	*	-

Abbildung 49: Kommunikation/Meldung von Vorfällen, nach Geschlecht & Religionsgemeinschaft – #Umgefragt 2020

mittel oder Bahnhöfe. 5 Prozent versuchten, sich nicht mit Freunden an öffentlichen Orten wie Cafés oder Restaurants zu treffen. Kaum jemand meidet es häufig aufgrund der Diskriminierungserfahrung, alleine die Wohnung zu verlassen (2 %). Bei 42 Prozent der Personen mit Diskriminierungserfahrung aufgrund ihrer Religion oder Herkunft kommt es häufig oder sehr häufig vor, dass sie darauf verzichten, religiöse Symbole zu tragen oder sichtbar zu machen.

Die Befragung von 2020 bestätigt diese Beobachtungen. Über die Hälfte der Befragten (51%) gab an, aufgrund ihrer Benachteiligungserfahrungen immer oder häufig auf das Tragen religiöser Symbole im Alltag zu verzichten. 36 Prozent verzichten darauf, sich als ihrer Religion zugehörig auf Social Media Plattformen zu zeigen. 28 Prozent vermeiden häufig bestimmte Orte in der Öffentlichkeit oder bestimmte Wohnviertel im Wohnort. Bestimmte Kultur- oder Sportveranstaltungen werden von 20 Prozent, das Verlassen der Wohnung am Abend oder nachts von 19 Prozent, öffentliche Verkehrsmittel oder Bahnhöfe von 14 Prozent und Behördengänge oder persönliche Beratungsgespräche vor Ort von 13 Prozent immer oder häufig vermieden. 8 Prozent verzichten häufig auf Treffen mit Freunden an öffentlichen Orten. Männer gaben noch häufiger als Frauen an, immer oder häufig auf das Tragen religiöser Symbole zu verzichten.

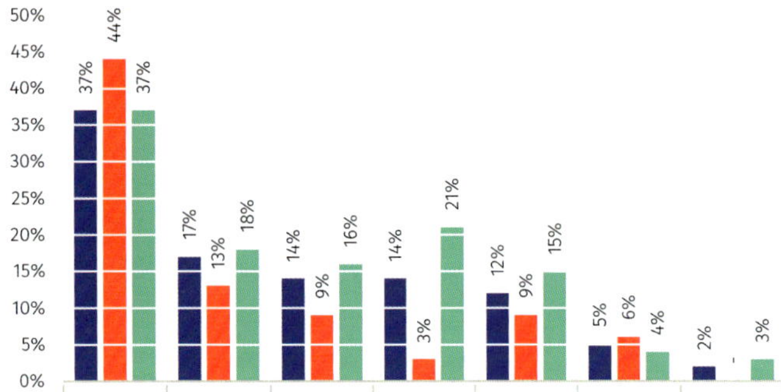

	Die aktive Beteiligung, z.B. Äußerungen auf Social Media Plattformen	Bestimmte Orte in der Öffentlichkeit	Bestimmte Orte in der Öffentlichkeit oder bestimmte Wohnviertel in Ihrem Wohnort	Das Verlassen der Wohnung zu späterer Stunde / am Abend oder nachts	Öffentliche Verkehrsmittel oder Bahnhöfe	Das Treffen mit Freunden an öffentlichen Orten wie beispielsweise Cafés oder Restaurants	Dass Sie alleine die Wohnung verlassen
Gesamt	37%	17%	14%	14%	12%	5%	2%
Judentum	44%	13%	9%	3%	9%	6%	-
Islam	37%	18%	16%	21%	15%	4%	3%

Abbildung 50: Meiden von Situationen, um möglichen Diskriminierungen auszuweichen – Stimmungsbilder 2019

Hat oder haben die erlebten Diskriminierungen Ihr Zugehörigkeitsgefühl zur deutschen Gesellschaft verändert? *Filter: Alle Befragte mit Diskriminierungserfahrungen in den letzten 12 Monaten aufgrund ihrer Religion/ethn. Herkunft*	**Gesamt**	**Geschlecht**		**Alter**		
		Männer	Frauen	u. 30 J.	30-49 J.	50 J. & älter
Basis (100%)	*408*	*205*	*148*	*138*	*177*	*71*
ja, ich fühle mich weniger zugehörig	***48%***	59%	42%	***56%***	***50%***	***32%***
nein, ich fühle mich genauso zugehörig wie zuvor	***33%***	28%	34%	***31%***	***31%***	***39%***
nein, ich habe mich zuvor schon nicht zur Gesellschaft zugehörig gefühlt	***13%***	9%	18%	***8%***	***14%***	***17%***
weiß nicht/ k.A.	***6%***	5%	5%	***5%***	***5%***	***8%***

Abbildung 52: Zugehörigkeitsgefühl zur deutschen Gesellschaft nach Diskriminierung – #Umgefragt 2020

Das Tragen religiöser Symbole im Alltag vermeiden Juden mit Diskriminierungserfahrungen aufgrund ihrer Religion häufiger als Muslime. Ebenso vermeiden es Juden häufiger als Muslime, sich als ihrer Religion zugehörig auf Social-Media-Plattformen zu zeigen oder bestimmte öffentliche Orte oder Wohnviertel im Wohnort zu besuchen. Muslime vermeiden es häufiger als Juden, ihre Wohnung am Abend oder nachts zu verlassen. Gravierende Veränderungen wie Wohnort-, Arbeitsplatz- oder Bildungsstellenwechsel ziehen jeweils nur wenige Befragte mit Diskriminierungserfahrungen aufgrund ihrer Religion in Erwägung. Am ehesten wird noch ein Wohnortwechsel in Erwägung gezogen (28 %).

Über die reine Verhaltensänderung hinaus veränderten Diskriminierungserfahrungen ebenfalls die Betroffenen in ihrem Zugehörigkeitsgefühl zur deutschen Gesellschaft. Fast die Hälfte (48 %) derjenigen, die – zum Zeitpunkt der Erhebung – in den letzten zwölf Monaten aufgrund ihrer Religion bzw. ethnischen Herkunft benachteiligt, ausgegrenzt oder bedroht wurden, gaben an, sich aufgrund dieser erlebten Diskriminierung nun der deutschen Gesellschaft weniger zugehörig zu fühlen. Jeder Dritte (33 %) fühlt sich noch genauso zugehörig wie zuvor, 13 Prozent gaben an, sich zuvor schon nicht zugehörig gefühlt zu haben. Dass sie sich nun weniger zugehörig fühlen, gaben unter 50-Jährige deutlich häufiger an als über 50-Jährige.

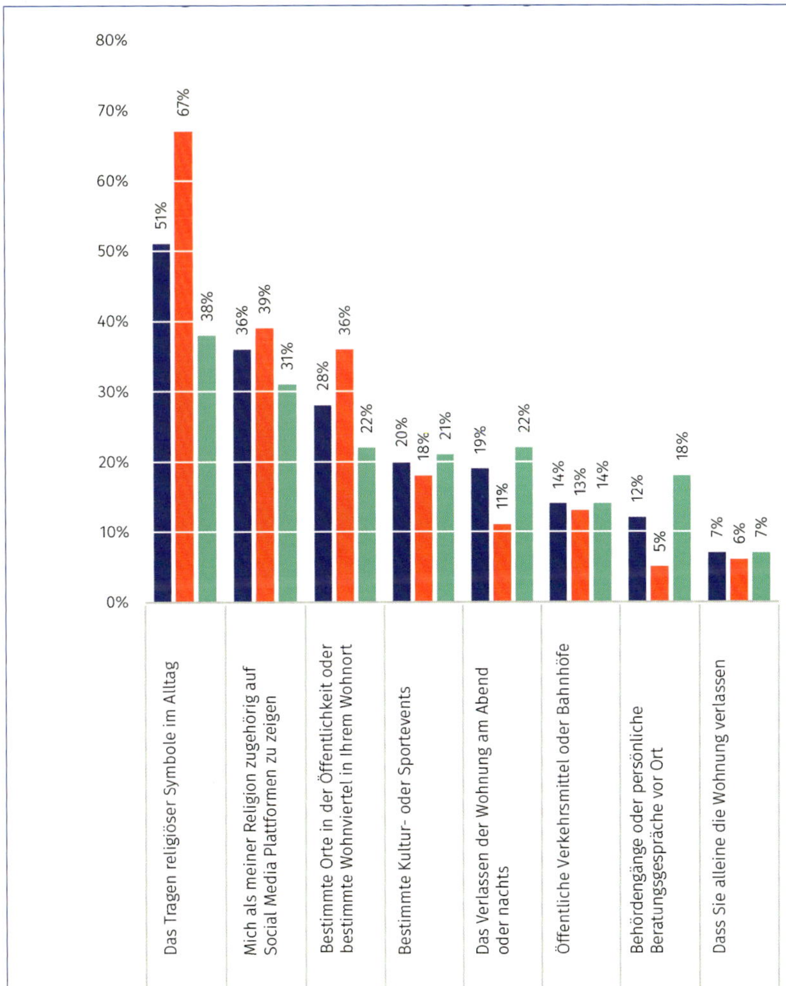

Gesamt	51%	36%	28%	20%	19%	14%	12%	7%
Judentum	67%	39%	36%	18%	11%	13%	5%	6%
Islam	38%	31%	22%	21%	22%	14%	18%	7%

Abbildung 51: Meiden von Situationen, um möglichen Diskriminierungen auszuweichen – #Umgefragt 2020

Zusammenfassung Diskriminierungserfahrungen

Unter Diskriminierung verstanden Befragte primär eine Benachteiligung oder die Erfahrung von Ausgrenzung. Juden und Muslime machen wesentlich häufiger Diskriminierungserfahrungen aufgrund ihrer Religion als der Landesdurchschnitt. 40 Prozent aller jüdischen und mehr als die Hälfte der muslimischen Befragten unter den Interessierten am jüdisch-muslimischen Dialog gab an, innerhalb eines Jahres auf irgendeine Weise benachteiligt, ausgegrenzt oder bedroht worden zu sein. Aufgrund der ethnischen Herkunft wurde jeder fünfte Jude und jeder zweite Muslim diskriminiert. Über die Hälfte der Vorfälle fand im Internet, vorwiegend in sozialen Netzwerken, statt, gefolgt von Ereignissen bei der Wohnungssuche und im Berufsleben. Von der Form wurden drei Viertel der Befragten über abwertende Kommentare und üble Nachrede diskriminiert. Knapp die Hälfte meldete Belästigung über abwertende Gesten oder Anstarren in der Öffentlichkeit. Mehr als jeder Dritte machte Erfahrung mit Mobbing im Internet aufgrund seiner Religion. Jeder Fünfte erhielt drohende Nachrichten. Jeder Zehnte berichtete von körperlichen Übergriffen, Auflauern oder Beschädigung von Eigentum. Drei Viertel der Befragten sprachen über die Diskriminierungsvorfälle mit ihrem engen Umfeld. Nur jeder Zehnte meldete die Vorfälle bei einer dafür zuständigen Meldestelle bzw. der Polizei. Als Konsequenz aus den Erfahrungen meidet es die Hälfte der Opfer, religiöse Symbole im Alltag zu tragen. Mehr als jeder Dritte zeigt sich auf Social-Media-Plattformen nicht als seiner Religion zugehörig, um mögliche erneute Diskriminierungserfahrungen zu vermeiden. Jeder Vierte meidet bestimmte Orte in der Öffentlichkeit. Jeder Fünfte besucht aufgrund seiner Diskriminierungserfahrungen bestimmte Kultur- oder Sportveranstaltungen nicht und meidet das Verlassen der Wohnung am Abend. Fast die Hälfte der Betroffenen fühlt sich aufgrund der Diskriminierungserfahrungen weniger zugehörig zur deutschen Gesellschaft.

Antisemitismus

Antisemitismus wird nachfolgend als eine bestimmte Wahrnehmung von Juden definiert, die sich als Ablehnung gegenüber Juden ausdrücken kann.[2] Diese Art der gruppenbezogenen Menschenfeindlichkeit unterscheidet sich von anderen. Im Gegensatz zu Formen wie Rassismus beispielsweise sind Juden im Antisemitismus keine unterlegene Gruppe, sondern eine mächtige (oftmals verdeckt agierende), die ihre Ressourcen zum Schaden von anderen ethnischen oder religiösen Gruppen missbraucht. So funktioniert Antisemitismus als eine „Welterklärung", die gesellschaftliche Missstände auf das Wirken von Juden zurückführt. Antisemitische Muster und Einstellungen sind gleichfalls sehr anpassungsfähig an unterschiedliche historische Kontexte. Sie tauchen entsprechend in unterschiedlicher Form in diversen politischen oder ökonomischen Narrativen auf.[3] Antisemitismus stellt ein negatives Verbindungselement zwischen Juden und Muslimen dar. Immer wieder kommen Ereignisse vor, bei denen Juden antisemitischen Übergriffen von Muslimen oder als muslimisch gelesenen Menschen ausgesetzt sind. Ein zentrales Ziel der gesammelten Umfragen war es, die Wahrnehmung und Erfahrung von Juden, Muslimen sowie der Gesamtgesellschaft mit antisemitischen Vorkommnissen zu erkunden, aktuelle Zeitbezüge/Zusammenhänge offen zu legen und Ansätze für einen zukünftigen gemeinsamen Diskurs aufzuzeigen.

Bei der Stimmungsbilder-Studie erhielten Befragte die Möglichkeit offen die für sie drängendsten Themen unserer Zeit anzugeben. Diese wurden anschließend in einer Primäranalyse nach Oberthemen geordnet und deren Häufigkeitsverteilungen anschließend ausgezählt. Die Resultate deuteten darauf hin, dass Antisemitismus für die Befragten nicht denselben Stellenwert hatte wie andere gesellschaftliche Themen. Nach den drei drängendsten Themen unserer Zeit gefragt, gaben 11 Prozent der Stimmungsbilder-Befragten als offene Nennungen Antisemitismus an. Damit liegt das Thema hinter anderen wie dem erstplatzierten „Klima" (41 %), „Verhalten der Menschen untereinander" (31 %) und „Umweltpolitik"

Abbildung 53: Drei drängendsten Themen unserer Zeit – Stimmungsbilder 2019

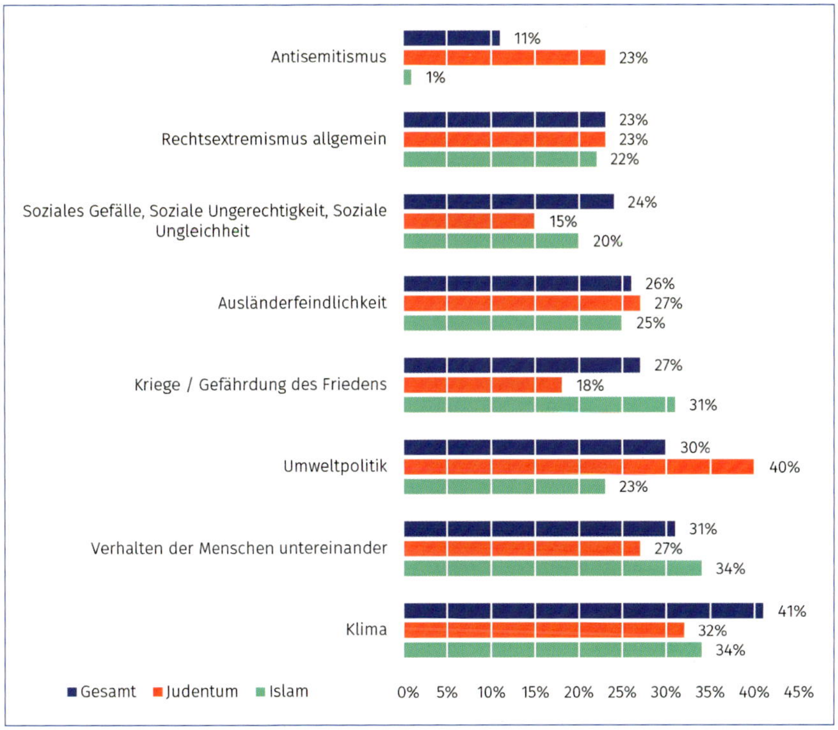

(30 %). Jüdische Teilnehmende gaben – entsprechend ihrer Position als von Antisemitismus betroffener Gruppe – Antisemitismus mit 23 Prozent die höchste Relevanz, gefolgt von Christen mit 14 Prozent. Am wenigsten relevant erachteten es Muslime mit 1 Prozent.

Antisemitismus und Muslimfeindlichkeit sind für die Befragten der Studie relevante Herausforderungen für die Gesellschaft. Direkt danach gefragt, ob Antisemitismus ein relevantes gesellschaftliches Problem darstellt, stimmten hingegen 96 Prozent der Befragten

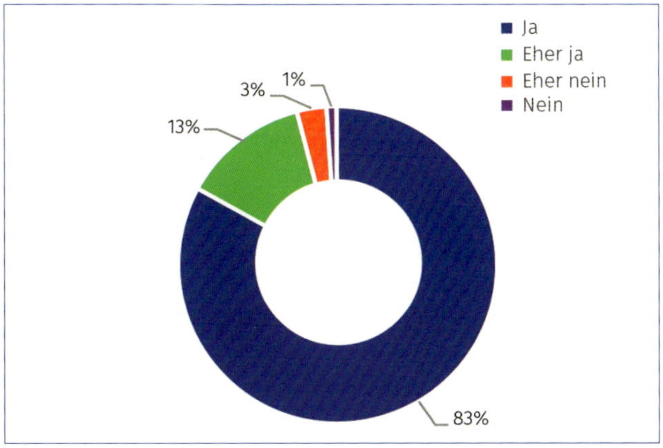

Abbildung 54: Antisemitismus als relevantes gesellschaftliches Problem – Stimmungsbilder 2010

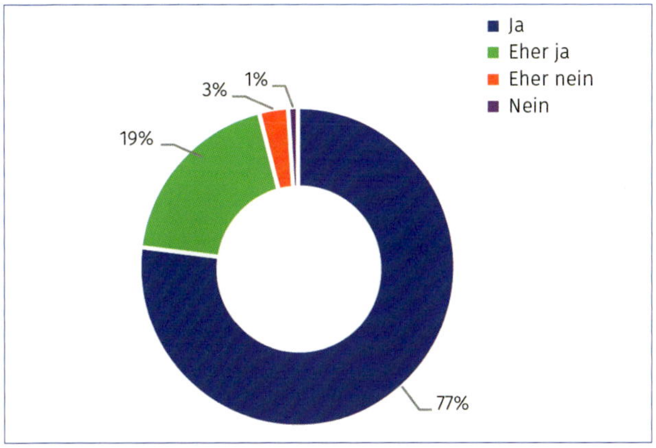

Abbildung 55: Islamfeindlichkeit als relevantes gesellschaftliches Problem – Stimmungsbilder 2010

Ist Antisemitismus für Sie ein relevantes gesellschaftliches Problem?	Gesamt	Judentum	Islam
Basis (100%)	***214***	***62***	***83***
			-
Ja	83%	89%	77%
Eher ja	13%	8%	18%
Eher nein	3%	3%	2%
Nein	1%	-	2%
weiß nicht/ k.A.	*	-	-

Ist Islamfeindlichkeit für Sie ein relevantes gesellschaftliches Problem?	Gesamt	Judentum	Islam
Basis (100%)	***214***	***62***	***83***
			-
Ja	77%	65%	89%
Eher ja	19%	26%	11%
Eher nein	3%	8%	-
Nein	1%	-	-
weiß nicht/ k.A.	*	2%	-

Abbildung 56: Antisemitismus/Muslimfeindlichkeit als relevantes gesellschaftliches Problem, nach Religionszugehörigkeit – Stimmungsbilder 2019

zu.[c] Gleich hoch (96 %) bewerteten sie Muslimfeindlichkeit als relevantes gesellschaftliches Problem.

In beiden Gemeinschaften wurde die jeweils auf die eigene Gruppe bezogene Diskriminierungsform eher als Problem angesehen. Im Verhältnis zu 97 Prozent jüdischer Befragter sahen 95 Prozent muslimischer Befragter Antisemitismus (eher) als gesellschaftliches Problem. In Bezug auf Islamfeindlichkeit bejahten dies 91 Prozent der jüdischen Befragten und wiederum 100 Prozent der muslimischen.

2020

In der #Umgefragt-Studie wurden Befragte explizit nach den drei wichtigsten Themen für den jüdisch-muslimischen Dialog gefragt. Wie schon bei der Stimmungsbilder-Studie verlief die Erhebung über die Eingabe und Auswertung offener Nennungen. Die Nennung „Antisemitismus“ stieg auf 14 Prozent. Zusätzlich gaben unter 9 Prozent in diesem Jahr dezidiert „Antisemitismus unter Muslimen“ an. Als primäre Themen sahen die Befragten „Toleranz und Respekt zwischen den Religionen“ (33 %), „Gemeinsamkeiten zwischen Juden und Muslimen“ (28 %) und „Austausch zwischen Juden und Muslimen (28 %) an. Es fällt auf, dass negative Themen wie „israelisch-palästinensischer Konflikt, Nahostkonflikt“ (17 %) sowie „Rassismus, Extremismus“ (14 %) eine ähnliche Häufigkeit an Nennungen wie „Antisemitismus“ (14 %) haben. Auch bei dieser Befragung empfinden mit 19 Prozent am ehesten Juden dieses Thema als drängend. Mit 8 Prozent wird auch Islamfeindlichkeit genannt. Im Vergleich zu den Angaben des Jahres 2019 empfinden auch 12 Prozent der Muslime Antisemitismus als zentrales Thema des jüdisch-muslimischen Dialogs. Antisemitismus unter Muslimen wird hingegen von wesentlich weniger Muslimen (4 %) als von Juden (16 %) als wichtig erachtet. Ähnlich verhält es sich mit Islamophobie, die von 11 Prozent der muslimischen Befragten genannt wird und von 7 Prozent der jüdischen Teilnehmenden.

Befragt nach ihrer Wahrnehmung bezüglich einer Zu- oder Abnahme von Antisemitismus und Islamfeindlichkeit in den letzten Jahren fallen die Zustimmungsraten höher aus. So stimmten 92 Prozent der Stimmungsbilder-Befragten im Jahr 2019 zu, dass es

c In dieser Angabe sind die Antwortoptionen „ja“ und „eher ja“ zu einer Summe zusammengefasst.

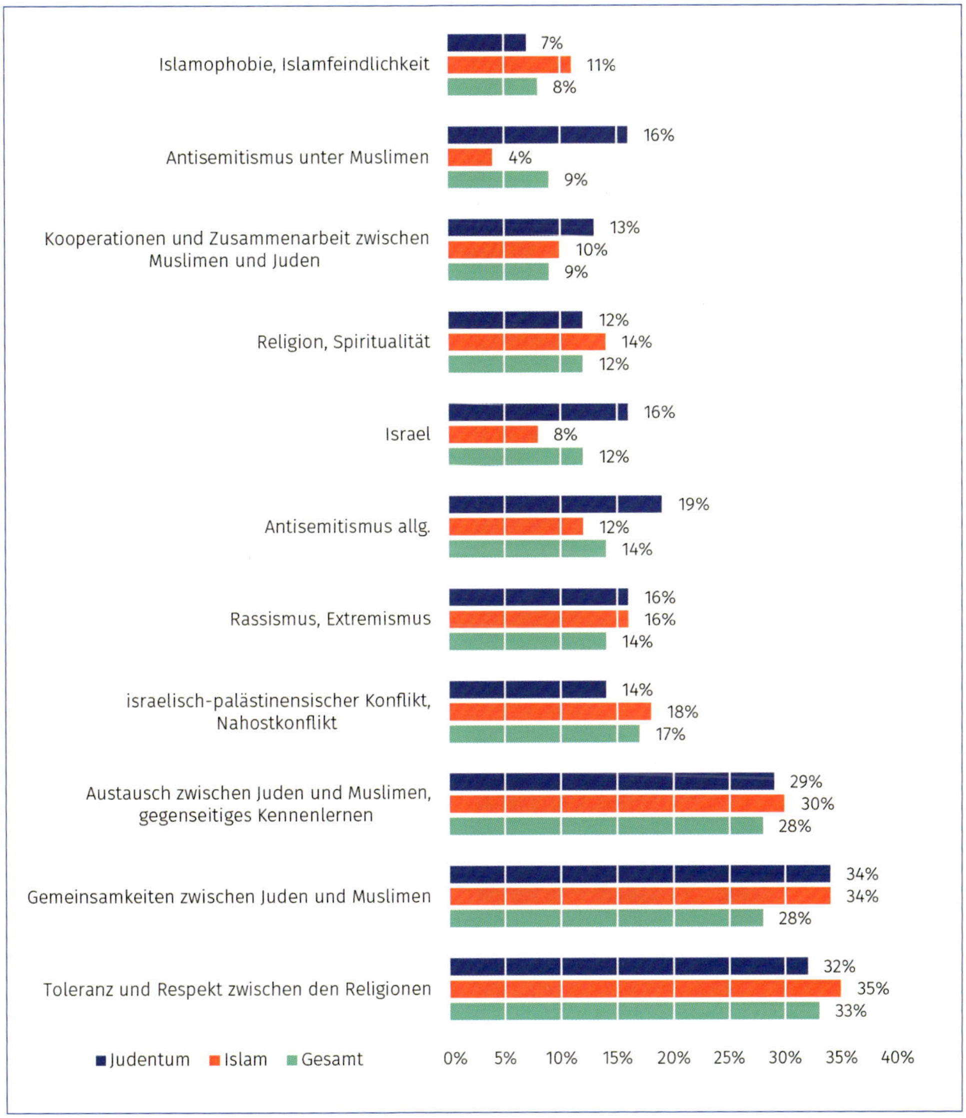

einen Anstieg von Antisemitismus in Deutschland gebe.[d] 93 Prozent sahen gleichfalls einen Anstieg der Muslimfeindlichkeit. 86 Prozent befürworteten entsprechend, dass jüdische und muslimische Einrichtungen höhere Sicherheitsvorkehrungen erhielten.

Abbildung 57: Drei wichtigsten Themen für den jüdisch-muslimischen Dialog – #Umgefragt 2020

d Die Angaben „ja" und „eher ja" sind zusammengenommen.

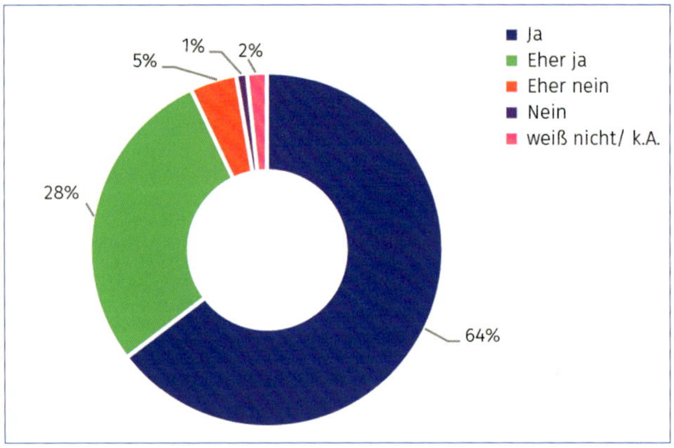

Abbildung 58: Zunahme Antisemitismus – Stimmungsbilder 2019

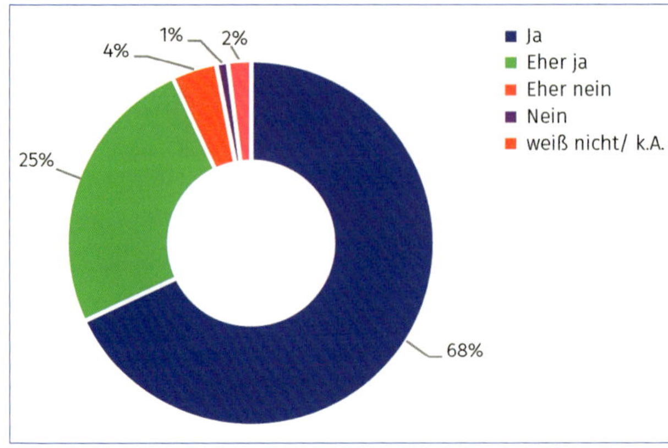

Abbildung 59: Zunahme Muslimfeindlichkeit – Stimmungsbilder 2019

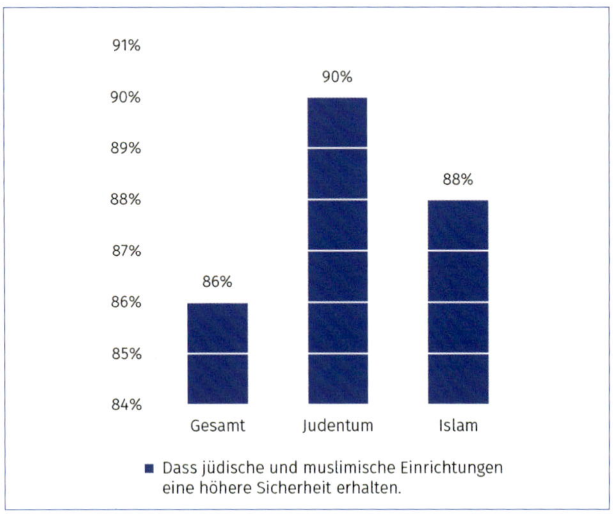

Auch 2020 gaben 68 Prozent der Befragten an, dass Antisemitismus in den letzten fünf Jahren stark oder eher zugenommen habe. 20 Prozent hatten keine Veränderung, 5 Prozent eher eine Abnahme von Antisemitismus wahrgenommen. Dass Antisemitismus zugenommen habe, meinten überdurchschnittlich häufig jüdische Befragte (83 %). Muslimische Befragte sahen hingegen eine geringere Zunahme (54 %) und stimmten am ehesten im Vergleich zu den anderen Glaubensgemeinschaften einer Abnahme von Antisemitismus (9 %) zu.

Abbildung 60: Höhere Sicherheitsvorkehrungen für Jüdische und muslimische Einrichtungen – Stimmungsbilder 2019

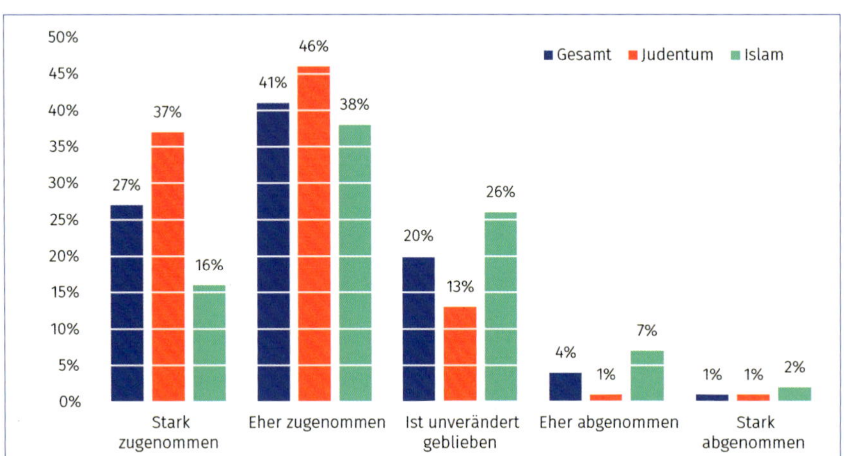

Abbildung 61: Zu- oder Abnahme Antisemitismus, nach Religion – #Umgefragt 2020

Abbildung 62: Zu- oder Abnahme Antisemitismus – Antisemitismus und Muslimfeindlichkeit 2021

Zu- oder Abnahme von Antisemitismus in den letzten 4 Wochen - Antisemitismus und Muslimfeindlichkeit 2021	Gesamt	Alter				Kontakt zu Juden		
		18-29 J.	30-44 J.	45-59 J.	60 J. & älter	regelmäßig/ gelegentlich	selten	nie
Basis (100%)	*1004*	*143*	*247*	*271*	*343*	*116*	*365*	*409*
stark zugenommen	15%	18%	59%	12%	19%	21%	16%	12%
etwas zugenommen	31%	40%	28%	29%	34%	35%	35%	29%
gleich geblieben	33%	18%		39%	31%	27%	34%	37%
etwas abgenommen	1%	-	9%	1%	*	1%	1%	*
stark abgenommen	*	-	5%	-	*	-	-	*
w.n./k.A.	20%	24%		20%	15%	16%	14%	21%

In der bevölkerungsrepräsentativen Studie von 2021 wurden gleichfalls Befragte nach ihrer Wahrnehmung der Zu- oder Abnahme antisemitischer Vorkommnisse befragt. Nach Meinung von fast der Hälfte aller Befragten (46 %) habe in den vergangenen vier Wochen die Anzahl antisemitischer Vorkommnisse stark oder zumindest etwas zugenommen. Rund ein Drittel (33 %) sieht keine Veränderung in der Anzahl antisemitischer Vorkommnisse in der jüngsten Zeit. Dass die Zahl antisemitischer Vorkommnisse in den letzten vier Wochen etwas bzw. sehr stark abgenommen habe, glaubte so gut wie niemand (1 %). Ein Fünftel der Befragten (20 %) traute sich in dieser Frage keine Einschätzung zu. Jüngere Personen unter 30 Jahren sowie Befragte, die zumindest gelegentlich selbst Kontakt zu Juden haben, meinten überdurchschnittlich häufig, dass die Anzahl antisemitischer Vorkommnisse in Deutschland in der jüngsten Zeit zugenommen habe.

Die Corona-Pandemie wurde und wird häufig als Projektionsfläche für antisemitische Verschwörungsmythen genutzt. Bei damit zusammenhängenden Protesten machen sich diese insbesondere unter Auflagen- und Impfgegnern häufig bemerkbar.[4] Bereits 2020 nahm Schalom Aleikum diese Situation zum Ausgangspunkt, um am jüdisch-muslimischen Dialog Interessierte zu befragen, ob sie antisemitische Tendenzen im Zuge dieser Entwicklungen wahrnehmen. Im Ergebnis nimmt ein Drittel einen dahingehenden Anstieg wahr. Seit der Corona-Krise sind nach Ansicht von 36 Prozent der Befragten antisemitische Vorkommnisse mehr geworden. Ähnlich viele (32 %) sehen diesbezüglich keine Veränderungen, 3 Prozent meinten, es sei seit Beginn der Corona-Pandemie zu weniger antisemitischen Vorkommnissen gekommen. 29 Prozent konnten dies nicht einschätzen („weiß nicht"). Dass antisemitische Vorkommnisse seit der Corona-Pandemie mehr geworden sind, meinten insbesondere die jüdischen Befragten.

Die sieben Monate später durchgeführte repräsentative „Antisemitismus und Muslimfeindlichkeit"-Studie im Juni 2021 lieferte hier ähnliche Ergebnisse wie die #Umgefragt-Befragung. Seit Beginn der Corona-Pandemie hat die Anzahl antisemitischer Vorkommnisse in Deutschland nach Meinung von 36 Prozent der Befragten stark oder etwas zugenommen. 37 Prozent meinten, dass die Zahl antisemitischer Vorkommnisse seit Beginn der Corona-Pandemie weder zu- noch abgenommen habe. Dass sie etwas bzw. stark abgenommen habe, gaben nur sehr wenige Befragte (3 %) an. 23 Prozent wollten in dieser Frage keine Einschätzung treffen. Befragte, die persönlich zumindest gelegentlich Kontakt zu Juden haben, meinten häufiger als der Durchschnitt aller Befragten, dass die Zahl antisemitischer Vorkommnisse seit Beginn der Corona-Pandemie zugenommen habe.

Als Zwischenergebnis der Befragungen ist festzuhalten, dass eine Diskrepanz bzgl. der Wahrnehmung von Antisemitismus besteht. Zwar gibt es eine Tendenz unter am jüdisch-muslimischen Dialog Interessierten, dass Antisemitismus kein zentrales gesellschaftliches

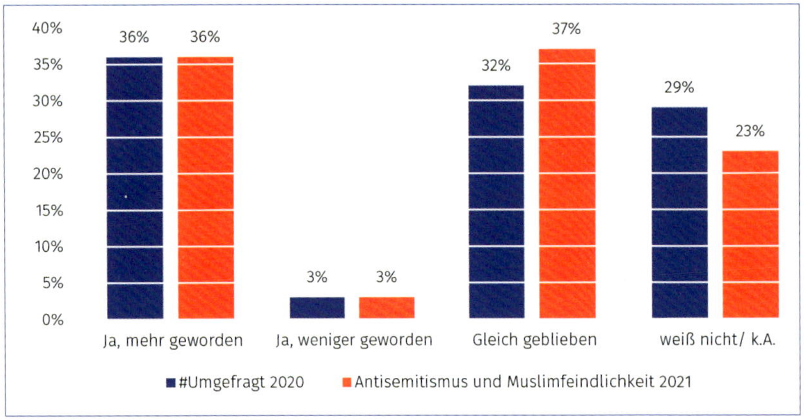

Abbildung 63: Anzahl der antisemitischen Vorkommnisse seit Beginn Corona – Studien im Vergleich

Problem darstelle, dennoch sind antisemitische Vorkommnisse in der Wahrnehmung sämtlicher Befragter präsent. Eine Mehrheit der am jüdisch-muslimischen Dialog Interessierten sieht einen Anstieg von Antisemitismus in der jüngsten Zeit. Die Hälfte der Bundesbürger geht ebenfalls von einer Zunahme aus. Es lässt sich – wie im Abschnitt „Einordnung in den zeitlichen Kontext" angemerkt – nicht klar abgrenzen, inwiefern diese Angaben durch die jüngsten antisemitischen Ereignisse kurz vor dem Erhebungszeitraum beeinflusst sind.[e] Obgleich sowohl unter den Interessierten als auch den Bundesbürgern nur ein Drittel der Personen eine Zunahme in Corona-Zeiten sieht, so vernehmen zumindest jene, die häufig oder gelegentlich Kontakt zu Juden haben, eher einen Anstieg.

Eine mögliche Quelle zur Wahrnehmung von Antisemitismus ist ihre mediale Vermittlung. 2021 zeichnete die „Antisemitismus und Muslimfeindlichkeit"-Studie ein Profil davon, über welche Kanäle sich die deutsche Gesamtbevölkerung über antisemitische Übergriffe informiert. Über drei Viertel (78 %) der Befragten gaben an, dass sie bisher im öffentlich-rechtlichen deutschen Fernsehen (z. B. ARD, ZDF) von antisemitischen Vorkommnissen in Deutschland erfahren hätten. Über die Hälfte (56 %) hatte zudem im Hörfunk bzw. Radio von antisemitischen Vorfällen gehört. 45 Prozent hatten auf Webseiten im Internet (z. B. von Zeitungen, Nachrichtenportalen oder Newsfeeds) von antisemitischen Vorkommnissen in Deutschland erfahren, 44 Prozent in deutschen Print-Medien (also Zeitungen, Zeitschriften oder Magazinen). Jeweils rund ein Viertel der Befragten hatte über soziale Medien (z. B. Facebook, Instagram oder YouTube) (27 %) sowie im privaten deutschen Fernsehen (z. B. Pro7, RTL, Vox) (26 %) etwas von antisemitischen Vorfällen in Deutschland mitbekommen. Dass sie über Erzählungen von Familienmitgliedern, Freunden, Bekannten, Kollegen oder Nachbarn von antisemitischen Vorfällen erfahren hätten, gaben 11 Prozent der Befragten an. 6 Prozent hatten solche Vorkommnisse in Alltagssituationen selbst beobachtet, z. B. beim Einkaufen, in den öffentlichen Verkehrsmitteln, in Cafés oder Restaurants. Dass sie auf Homepages von jüdischen Einrichtungen oder Vertretern von antisemitischen Vorkommnissen erfahren hatten, gaben nur wenige Befragte (2 %) an.

Dass sie über soziale Medien davon erfahren hatten, gaben jüngere Personen unter 30 Jahren deutlich häufiger als der Durchschnitt aller Befragten an. Nur wenige Befragte hatten nichts von antisemitischen Vorkommnissen erfahren bzw. machten zu dieser Frage keine Angabe (je 3 %). Personen, die zumindest selten persönlichen Kontakt zu Juden haben, sagten häufiger als Personen, bei denen dies nie der Fall ist, dass sie auf Webseiten sowie in den sozialen Medien von antisemitischen Vorkommnissen erfahren hätten.

Ergänzend zur Wahrnehmung einer grundlegenden Häufigkeit von Antisemitismus fragte Schalom Aleikum danach, in welcher Form sich diese Diskriminierung ausdrückt. Neben den selbst erlebten Erfahrungen mit

e 12. Mai 2021: Antisemitische Übergriffe in ganz Deutschland mit Bezug zum Nahostkonflikt um zur Räumung von Wohnungen in der Ost-Jerusalemer Nachbarschaft Scheich Dscharrah.

Abbildung 64: Informationsquellen antisemitische Vorkommnisse – Antisemitismus und Muslimfeindlichkeit 2021

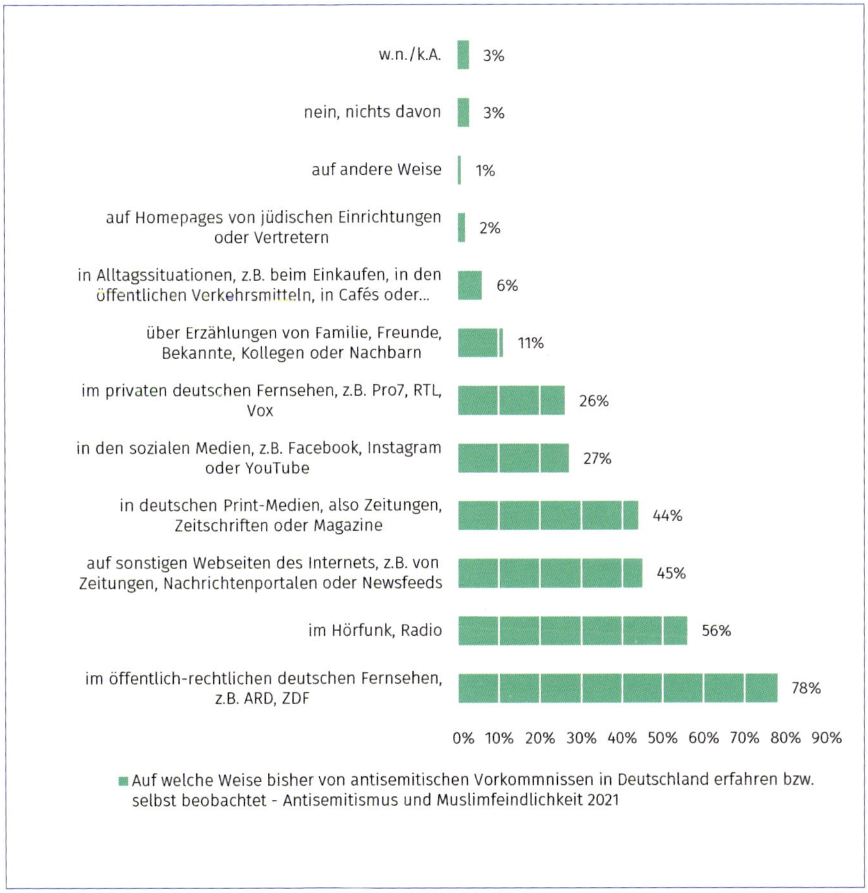

verschiedenen Arten und Formen von Diskriminierung wurden alle #Umgefragt-Befragten auch gefragt, ob sie in den letzten zwölf Monaten verschiedene mögliche Formen von antisemitischen Äußerungen oder Verhaltensweisen mitbekommen oder beobachtet hatten.

Am häufigsten hatten die Befragten abwertende Kommentare, beispielsweise im eigenen Umfeld oder im Internet wahrgenommen (65 %). 28 Prozent haben häufig oder manchmal verbale Angriffe ode Beschimpfungen im Alltag, 25 Prozent Gesten (z. B. mutwilliges Hinspucken vor einer jüdischen Person) oder Symbole (Plakate, Sticker, Kleidungsstücke) wahrgenommen. Körperliche Übergriffe oder Attacken hatten 10 Prozent manchmal mitbekommen oder beobachtet. Abwertende Kommentare antisemitischen Ursprungs z. B. im eigenen Umfeld oder im Internet vernahmen unter den Befragten überdurchschnittlich häufig vor allem Juden, unter 30-Jährige, Befragte mit eigenen Diskriminierungserfahrungen aufgrund ihrer Religion bzw. ethnischen Herkunft und Befragte mit Migrationshintergrund. Verbale Angriffe oder Beschimpfungen bzw. antisemitische Gesten oder Symbole hatten Juden sowie Befragte mit eigener Diskriminierungs-

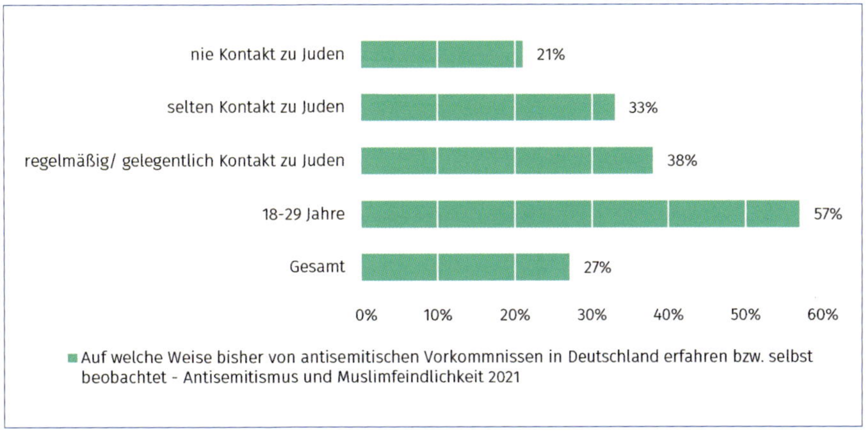

Abbildung 65: In den sozialen Medien über antisemitische Vorkommnisse in Deutschland erfahren bzw. selbst beobachtet, nach Kontakt zu Juden und Alter – Antisemitismus und Muslimfeindlichkeit 2021

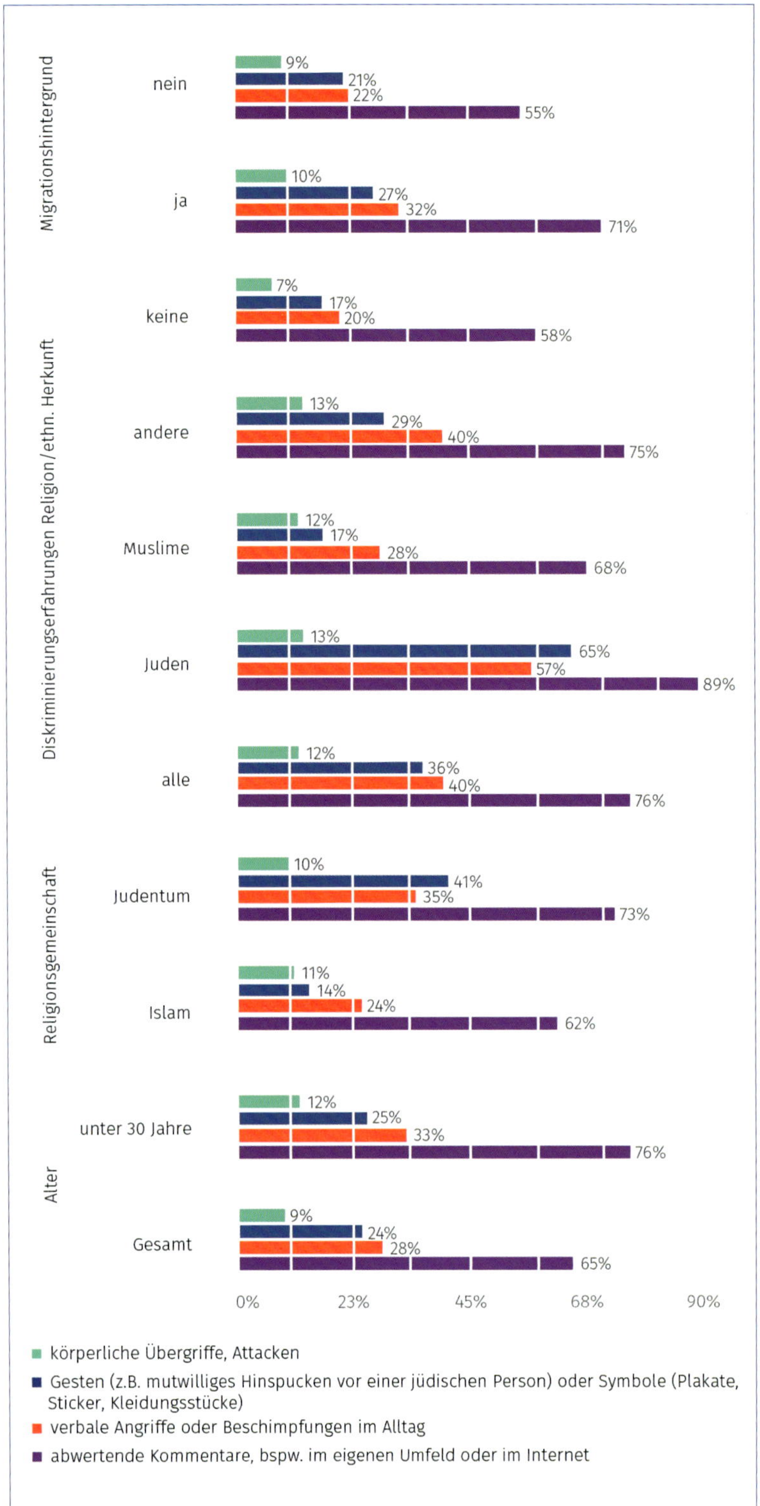

Abbildung 66: Erlebte antisemitische Übergriffe nach Alter, Religionszugehörigkeit, Diskriminierungserfahrungen Religion / ethnischer Herkunft, Migrationshintergrund – #Umgefragt 2020

erfahrung ebenfalls überdurchschnittlich häufig beobachtet.

Bei den Angaben wird erneut deutlich, dass auch bei der gruppenbezogenen Menschenfeindlichkeit in Form des Antisemitismus primär das Internet ein Forum für Übergriffe bietet. Mit einem Anteil von fast einem Drittel sind physische Erscheinungsformen gleichfalls stark ausgeprägt.

Nach einer Abfrage des Umfangs und der Form antisemitischer Übergriffe erfolgte in den Studien auch eine Bestimmung der Angreifer. Bereits 2019 fragte die Stimmungsbilder-Studie ihre Befragten, ob es bestimmte Gruppen in der Bevölkerung gebe, die den Angehörigen des Judentums und Islams kritisch gegenüberstehen. 92 Prozent stimmten dieser Aussage zu. Offen nach einer Eingrenzung dieser Gruppen gefragt, gaben 52 Prozent diese als „Rechtsnationale bzw. Rechtsradikale“ an. Mit wesentlichem Abstand folgten Personen mit formal niedrigeren Bildungsabschlüssen (16 %) und sozial benachteiligte Personen (15 %) als dritt- und viertgenannte.

Die mehrheitlich jüdischen Befragten des Gemeindetags 2019 sehen ebenfalls ein Antisemitismusproblem unter Muslimen. Ein Großteil der Gemeindetags-Umfrageteilnehmenden meinte, dass Antisemitismus unter Muslimen (sehr) verbreitet (91 %) ist.

Als offene Nennungen für Bevölkerungsteile, von denen am meisten Antisemitismus ausgehe, gaben Gemeindetags-Befragte neben „Rechten“ (21 %) auch gleichauf „Muslime“ (21 %) an. Gefolgt von „Alle Schichten“ (14 %), „Linke“ (10 %), „un-

Gibt es bestimmte Gruppen oder Schichten der Bevölkerung, die den Angehörigen des Judentums und Islam besonders kritisch gegenüberstehen?	Gesamt
Basis (100%)	***214***
Ja	197 (92%)
Nein	9 (4%)
weiß nicht/ k.A.	8 (4%)

Welche Gruppen sind dies Ihrer Meinung nach?	Gesamt
Basis (100%)	***197***
Rechtsnationale/Rechtsradikale	103 (52%)
Sonstiges	59 (30%)
formal niedrig Gebildete	31 (16%)
Sozial benachteiligte Personen	29 (15%)

Abbildung 67: Kritische Gruppen gegenüber Juden und Muslimen in Deutschland – Stimmungsbilder 2019

Von welchen Bevölkerungsteilen geht Antisemitismus am meisten aus	
1. Rechte	21%
2. Muslime	21%
3. Alle Schichten	14%
4. Linke	10%
5. Ungebildete Schichten	10%
6. Rechtsextreme	8%
7. Araber	8%
8. Deutsche Mehrheitsgesellschaft	7%
9. Mitte	5%
10. Jugendliche	5%
11. Migranten	5%
12. Sozioökonomisch Schlechtgestellte	4%
13. Türken	3%
14. Geflüchtete	3%
15. Religiöse	3%
16. Politische Institutionen	2%
17. Antireligiöse	1%
18. Kriegsverlierer	1%
19. Palästina-Unterstützer	1%
20. Schiiten	1%
21. Iraner	1%

Abbildung 69: Bestimmung Angreifer – Gemeindetag 2019

gebildete Schichten“ (10 %), „Rechtsextreme“ (8 %) und „Araber“ (8 %). Weitere Nennungen, die mit dem Begriff „Muslime“ in Relation gestellt werden können, sind „Migranten“ (5 %), „Türken“ (3 %), „Geflüchtete“ (3 %), „Schiiten“ (1 %) und „Iraner“ (1 %).

Die #Umgefragt-Befragung bot die Möglichkeit, genauer nachzufragen, inwieweit Muslime als Urheber von Antisemitismus wahrgenommen werden. Hierzu wurde in mehreren Fragesequenzen eine Beschreibung der Personen erfragt, die bei antisemitischen Übergriffen beobachtet wurden. Die jüdischen Befragten, die selbst in den letzten zwölf Monaten Diskriminierung aufgrund ihrer Religion bzw. ethnischen Herkunft erfahren haben, oder die Befragten,

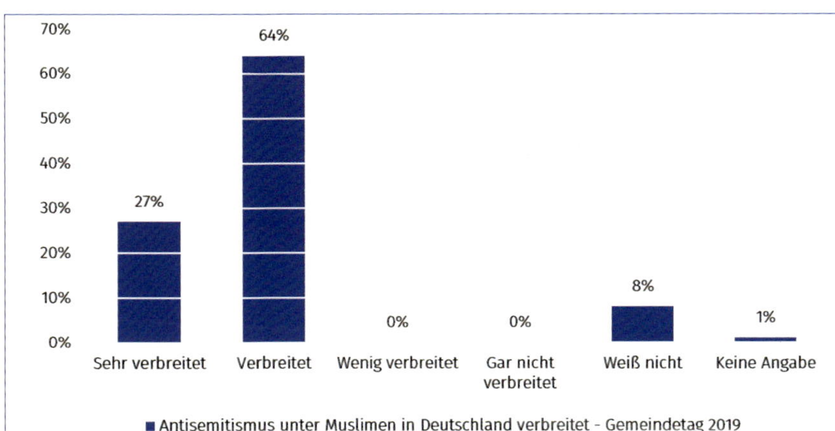

Abbildung 68: Antisemitismus unter Muslimen in Deutschland verbreitet – Gemeindetag 2019

Einordnung Person oder Gruppe, von der oder denen die antisemitische Tat ausging *Filter: Alle jüdische Befragte mit Diskriminierungserfahrungen in den letzten 12 Monaten aufgrund ihrer Religion/ethn. Herkunft ODER: Befragte, die Zeuge antisemitischer Vorfälle geworden sind*	
Basis (100%)	*697*
Eine einzelne Person	50%
Mehrere Personen	29%
Kind/er	5%
Jugendliche/r	32%
Erwachsene/r	49%
Senior/in bzw. Senior/innen	13%
männlich	72%
weiblich	19%
Person/en aus der Nachbarschaft oder ihrem Bekanntenkreis	23%
unbekannte Person/en	38%
linksextreme Person/en	10%
rechtsextreme Person/en	30%
Person(en), die ich einer bestimmten Glaubensrichtung zuordnen würde	35%
weiß nicht/ k.A.	9%

Religion der Person bzw. Personen *Filter: Alle Befragte, die angegeben haben, dass der Angriff durch Personen einer bestimmten Glaubensrichtung erfolgte*	
Basis (100%)	*261*
keine Religion, Atheist	3%
Christentum (Christ)	21%
Islam	77%
sonstiges	3%
weiß nicht/ k.A.	100%

Indizien für die Religionsangehörigkeit *Filter: Alle Befragte, die angegeben haben, dass der Angriff durch Personen einer bestimmten Glaubensrichtung erfolgte*	
Basis (100%)	*261*
durch die Sprache	64%
durch das äußere Erscheinungsbild	59%
anhand religiöser Attribute (z.B: Kleidung, Kopfbedeckung)	38%
anhand des Ortes (in gewissen Bezirken, die Nähe von Gebetshäusern, Restaurants o.ä.)	26%
weiß nicht/ k.A.	14%

Abbildung 70: Bestimmung Angreiferprofil, Einordnung, Religion, Indizien für die Religionsangehörigkeit – #Umgefragt 2020

die Zeuge antisemitischer Vorfälle geworden sind, wurden gebeten anzugeben, um welche Personen bzw. Gruppen es sich handelte, von der oder denen die Tat ausging. 50 Prozent sagten, das Erlebte bzw. Beobachtete ging von einer Einzelperson aus. Bei 29 Prozent waren mehrere Personen involviert. In der Hälfte der Fälle (49 %) ging der Vorfall von einem oder mehreren Erwachsenen aus, in etwa jedem dritten Fall (32 %) von einem oder mehreren Jugendlichen. Die meisten Täter waren männlich (72 %). Bei 23 Prozent erfolgte der letzte erlebte Vorfall durch Person(en) aus der Nachbarschaft oder dem Bekanntenkreis, bei 38 Prozent durch unbekannte Personen. 10 Prozent ordneten den oder die Täter einer linksextremistischen, 30 Prozent einer rechtsextremistischen Orientierung zu.

Etwa 35 Prozent der Befragten gaben an, der erlebte oder beobachtete Vorfall sei von einer oder mehreren Personen ausgegangen, die sie einer bestimmten Glaubensrichtung zuordnen würden. Die Mehrheit derer, die die angreifende Person bzw. angreifenden Personen einer bestimmten Glaubensrichtung zuordnen würden, ordneten diese dem Islam zu (77 %). 21 Prozent meinten, die angreifende(n) Person(en) wären Christen gewesen.

Abbildung 71: Gründe für Antisemitismus unter Muslimen – Gemeindetag 2019

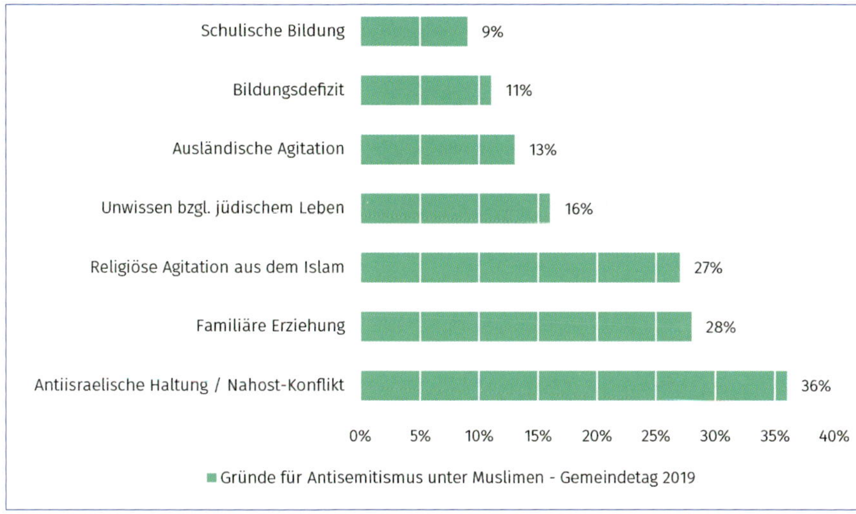

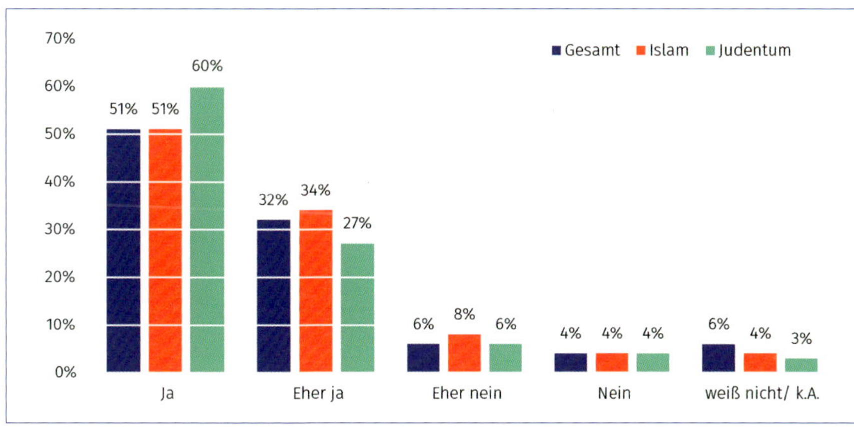

Abbildung 72: Nahostkonflikt als Belastung für jüdisch-muslimischen Dialog, nach Religionszugehörigkeit – #Umgefragt 2020

Von den Befragten, die den antisemitischen Vorfall einer Person einer bestimmten Glaubensrichtung zuordneten, machten die meisten diese Glaubensrichtung an der Sprache (64 %) oder dem äußeren Erscheinungsbild (59 %) des Angreifers fest. 38 Prozent hatten religiöse Attribute erkannt, 26 Prozent kamen aufgrund des Ortes, an dem die Tat geschah, zu dem Rückschluss. Hierbei ist einzugrenzen, dass 69 Prozent der Gesamtteilnehmer der #Umgefragt-Studie eine Einordnung der antisemitischen Angreifer machten und 26 Prozent die Religion anhand offener Nennungen angaben.

Die bisher aufgeführten Ergebnisse zeugen von einer zentralen Stellung des Themas „Antisemitismus unter Muslimen", die jüdische und nicht-jüdische Befragte in ihren Annahmen und Erfahrungen herausstellten. Schalom Aleikum verfolgte im Rahmen seiner Forschung das Ziel, diesen Bereich genauer zu betrachten. Welche möglichen Ursachen vermuteten die Befragten für Antisemitismus unter Muslimen? Hierzu wurden ebenfalls Teilnehmende des Gemeindetages offen befragt. Als Hauptgründe für Antisemitismus unter Muslimen sahen die jüdischen Befragten hauptsächlich zu 36 Prozent eine antiisraelische Haltung, zu 28 Prozent familiäre Erziehung, zu 27 Prozent religiöse Agitation aus dem Islam und zu 16 Prozent Unwissen bzgl. des jüdischen Lebens.

Die hohe Zustimmungsrate zu einer negativen Einstellung zu Israel verweist auf die Rolle des Nahostkonflikts für das Miteinander von Juden und Muslimen in Deutschland. Mehrheitlich (83 %) gaben ebenfalls die Befragten der #Umgefragt-Studie an, dass der Nahostkonflikt den jüdisch-muslimischen Dialog in Deutschland erschwere. Wie bereits im Kapitel „Selbst- und Fremdwahrnehmung von Juden und Muslimen" ausgeführt, stimmten viele Befragte besonders Aussagen über Muslime in Deutschland zu, die inhaltlichen mit dem Nahostkonflikt zusammenhängen. So z. B. die besondere Solidarität von hiesigen Muslimen mit Palästinensern. Ebenfalls belegte die #Umgefragt-Studie, dass

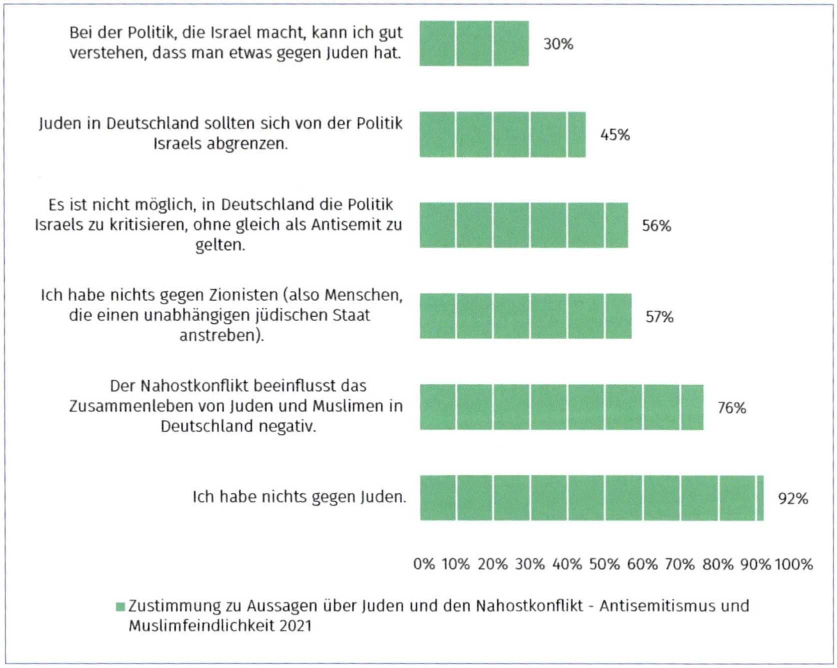

Abbildung 73: Zustimmung zu Aussagen über Juden und den Nahostkonflikt – Antisemitismus und Muslimfeindlichkeit 2021

die Zustimmungsraten zu negativen Aussagen über Juden unter Muslimen besonders hoch waren.

In der bevölkerungsrepräsentativen Schalom-Aleikum-Umfrage von 2021 wurde hinterfragt, inwieweit der Nahostkonflikt antisemitische Einstellungen auch in der Gesamtbevölkerung fördert. Auch hier wurde die Zustimmung beziehungsweise Ablehnung von weit verbreiteten, offen oder latent antisemitischen Aussagen mit Bezug zum Nahostkonflikt abgefragt. Der Aussage, nichts gegen Juden zu haben, stimmten 92 Prozent der Befragten voll und ganz bzw. eher zu. 76 Prozent waren der Ansicht, dass der Nahostkonflikt das Zusammenleben von Juden und Muslimen in Deutschland negativ beeinflusse. Wesentlich weniger als bei der Gruppe der Juden stimmten die Befragten auch den Aussagen zu, dass sie nichts gegen „Zionisten“ hätten (also Menschen, die einen unabhängigen jüdischen Staat anstreben) (57 %) und dass es in Deutschland nicht möglich sei, die Politik Israels zu kritisieren, ohne gleich als Antisemit zu gelten (56 %). Dass Juden in Deutschland sich von der Politik Israels abgrenzen sollten, meinten 45 Prozent der Befragten. 30 Prozent können bei der Politik, die Israel macht, gut verstehen, dass man etwas gegen Juden habe. Rund ein Fünftel war der Meinung, dass das, was Juden heute mit Palästinensern machen, im Prinzip nichts anderes sei als das, was die Nationalsozialisten mit Juden gemacht haben (21 %). Dass in

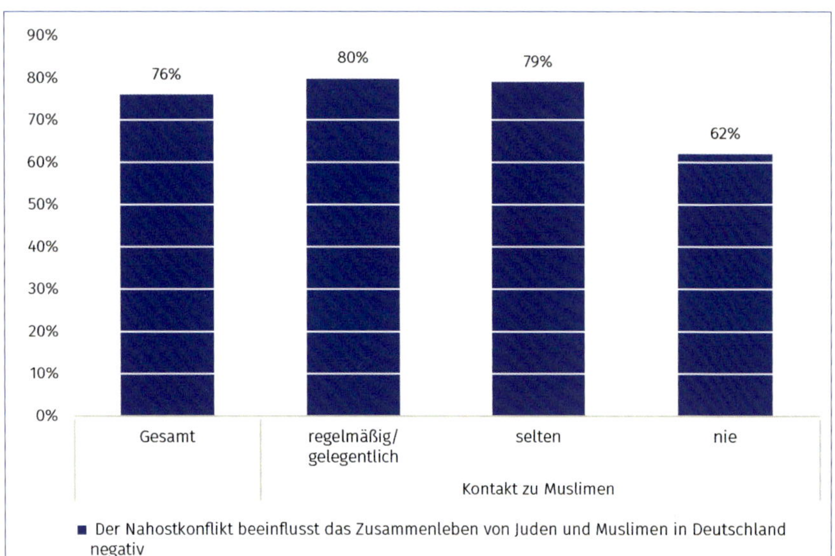

Abbildung 74: Zustimmung Aussage: Der Nahostkonflikt beeinflusst das Zusammenleben von Juden und Muslimen in Deutschland negativ, Vergleich Gesamtangaben und Kontakt zu Muslimen – Antisemitismus und Muslimfeindlichkeit 2021

Abbildung 75: Zustimmung Aussage: Es ist nicht möglich, in Deutschland die Politik Israels zu kritisieren, ohne gleich als Antisemit zu gelten – Antisemitismus und Muslimfeindlichkeit 2021

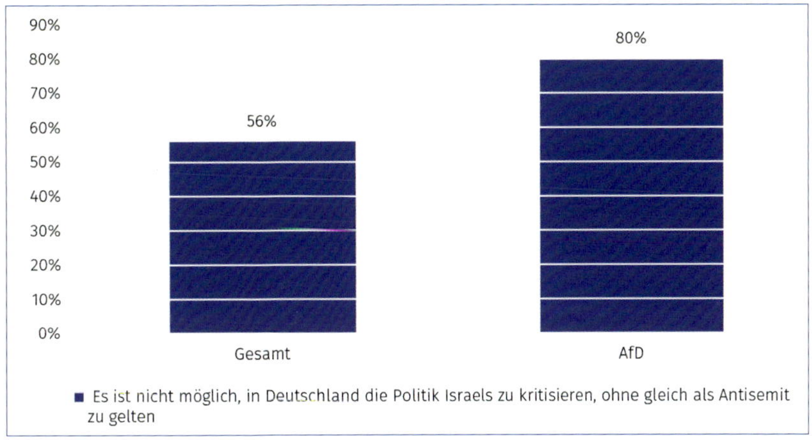

Deutschland lebende Juden eine engere Beziehung zu Israel als zu Deutschland hätten, gaben 20 Prozent der Umfrage-Teilnehmenden an. 38 Prozent der Befragten trauten sich nicht zu, die Beziehung von in Deutschland lebenden Juden zu Israel einzuschätzen.

Dass der Nahostkonflikt das Zusammenleben von Juden und Muslimen in Deutschland negativ beeinflusst, meinten häufiger Befragte mit zumindest seltenem Kontakt zu Muslimen als Personen, die nie Kontakt zu Muslimen haben.

Anhänger der Partei „Alternative für Deutschland“ (also im Kontext der Befragungen Menschen, die angaben, dass sie diese Partei wählen würden) meinten deutlich häufiger als der Durchschnitt aller Befragten, dass es in Deutschland nicht möglich ist, die Politik Israels zu kritisieren, ohne gleich als Antisemit zu gelten.

Diese Tendenz korreliert mit der Zustimmung zu anderen explizit oder latent antisemitischen Aussagen, die bereits im Abschnitt „Selbst- und Fremdwahrnehmungen von Juden und Muslimen“ thematisiert wurden und an dieser Stelle weiter ausgeführt werden. Ein hoher Anteil der Befragten stimmte Aussagen zu, die generell als antisemitisch einzustufen sind. In dem Sinne erfüllen die Aussagen die Kriterien für Antisemitismus, wie sie zu Beginn dieses Kapitels erläutert wurden, wonach Juden eine einflussreiche Gruppe in der Gesellschaft darstellen würden, die ihre vermeintlich bevorzugte Stellung zu ihrem eigenen Vorteil und Schaden der Allgemeinheit ausnutzt. Über ein Drittel der Befragten (39 %) stimmte der Aussage voll und ganz bzw. eher zu, dass Juden nicht-jüdische Personen mit dem Vorwurf des Antisemitismus mundtot machen könnten. Jeweils rund ein Drittel (35 %) teilte die Ansicht, dass Juden im Gegen-

Abbildung 76: Aussagen über Juden aus den Medien, Vergleich Gesamtangaben und AfD - Antisemitismus und Muslimfeindlichkeit 2021

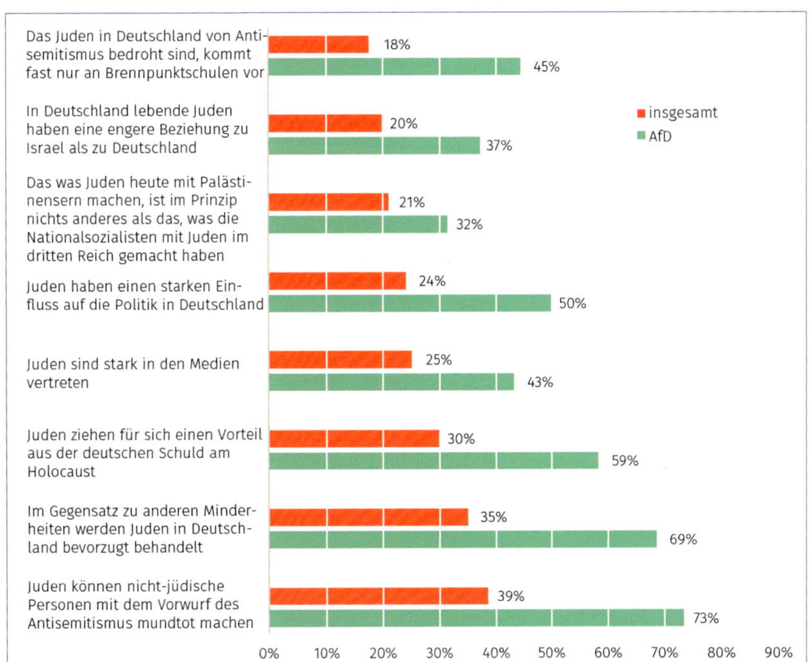

Zustimmung zu Aussagen über Juden, wie sie in verschiedenen Medien gängig sind. - Antisemitismus und Muslimfeindlichkeit 2021 *Übersichtstabelle: stimme voll und ganz/eher zu*	Gesamt	Alter 18-29 Jahre	Geschlecht Männer	Nie Kontakt zu Juden	Ortsgröße u. 20.000 EW
Basis (100%)	*1004*	*143*	*491*	*409*	*369*
Juden können nicht-jüdische Personen mit dem Vorwurf des Antisemitismus mundtot machen.	39%	25%	47%	*40%*	36%
Im Gegensatz zu anderen Minderheiten werden Juden in Deutschland bevorzugt behandelt.	35%	21%	42%	*39%*	40%
Juden ziehen für sich einen Vorteil aus der deutschen Schuld am Holocaust.	30%	10%	36%	*35%*	33%
Juden sind stark in den Medien vertreten.	25%	19%	31%	*26%*	30%
Juden haben einen starken Einfluss auf die Politik in Deutschland.	24%	8%	27%	*28%*	25%
Das was Juden heute mit Palästinensern machen, ist im Prinzip nichts anderes als das, was die Nationalsozialisten mit Juden im Dritten Reich gemacht haben.	21%	9%	24%	*21%*	24%
In Deutschland lebende Juden haben eine engere Beziehung zu Israel als zu Deutschland.	20%	8%	21%	*25%*	28%
Dass Juden in Deutschland von Antisemitismus bedroht sind, kommt fast nur an Brennpunktschulen vor.	18%	11%	17%	*20%*	21%

Abbildung 77: Aussagen über Juden aus den Medien nach Alter, Geschlecht, nie Kontakt zu Juden, Ortsgröße unter 20.000 EW – Antisemitismus und Muslimfeindlichkeit 2021

satz zu anderen Minderheiten in Deutschland bevorzugt behandelt würden. 30 Prozent meinten, dass Juden für sich einen Vorteil aus der deutschen Schuld am Holocaust zögen. Eine ähnlich hohe Zustimmungsrate haben Aussagen, die zumindest latent antisemitisch sind. In diesem Sinne solche, die implizit antisemitische Topoi wie jene einer jüdischen Weltverschwörung bedienen oder Antisemitismus auf andere Gruppen auslagern. Dass Juden stark in den Medien vertreten seien (25 %) bzw. einen starken Einfluss auf die Politik in Deutschland hätten (24 %), behauptete jeweils ein Viertel der Befragten. Nahezu ein Fünftel meinte, dass Juden in Deutschland fast nur an Brennpunktschulen von Antisemitismus bedroht seien (18 %). Bei den genannten Aussagen gab jeweils bis zu ein Fünftel der Befragten an, dies nicht beurteilen zu können. Zur Komplettierung der Aussagen wird in der Abbildung 77 das gesamte Fragensegment angezeigt, dass bei Befragung genutzt wurde. In diesem sind gleichfalls die Aussagen enthalten, die bereits in Teilen im Abschnitt „Selbst- und Fremdwahrnehmungen von Juden und Muslimen" thematisiert wurden.

Anhänger der AfD stimmten allen abgefragten Aussagen deutlich häufiger zu (wie Abbildung 76 zeigt), als der Durchschnitt aller Befragten. Männer waren häufiger als Frauen der Ansicht, dass Juden nicht-jüdische Personen mit dem Vorwurf des Antisemitismus mundtot machen können, in Deutschland im Gegensatz zu anderen Minderheiten bevorzugt behandelt würden, für sich einen Vorteil aus der deutschen Schuld am Holocaust zögen und stark in den Medien vertreten seien. Jüngere Personen unter 30 Jahren stimmten allen abgefragten Aussagen (teilweise deutlich) seltener zu als der Durchschnitt aller Befragten. Diese Unterschiede dürften darauf zurückzuführen sein, dass unter Männern überdurchschnittlich viele und unter jüngeren Bürgern überdurchschnittlich wenige AfD-Anhänger zu finden sind, bei denen die größten Vorurteile gegenüber der jüdischen Bevölkerung zu finden sind. Ostdeutsche – unter denen sich im Rahmen der Befragung ebenfalls überdurchschnittlich viele AfD-Anhänger befinden – meinten häufiger als Westdeutsche, dass Juden für sich einen Vorteil aus der deutschen Schuld am Holocaust zögen, dass Antisemitismus in Deutschland fast nur an Brennpunktschulen vorkomme, dass Juden von Antisemitismus bedroht seien und dass in Deutschland lebende Juden eine engere Beziehung zu Israel als zu Deutschland hätten. Dass Juden für sich einen Vorteil aus der deutschen Schuld am Holocaust zögen, meinten Personen, die selten bzw. nie Kontakt zu Juden haben, häufiger als diejenigen mit regelmäßigem bzw. gelegentlichem Kontakt zu Juden. Letzteres behaupteten auch häufiger Personen aus kleineren Gemeinden mit weniger als 20.000 Einwohnern – von denen sich viele in Ostdeutschland befinden – als Personen, die in größeren Städten bzw. Gemeinden leben. Insbesondere war die große Mehrheit der AfD-Anhänger der Ansicht, dass Juden nicht-jüdische Personen mit dem Vorwurf des Antisemitismus mundtot machen können und in Deutschland bevorzugt behandelt würden.

Es ist festzuhalten, dass es unter Bundesbürgern eine zum Teil hohe Zustimmung zu Aussagen mit einem latenten oder expliziten antisemitischen Inhalt gibt. Die Ergebnisse unterstützen somit Resultate ähnlicher Forschungen wie der Mitte-Studie, wonach antisemitische Einstellungen in der Mitte der Gesellschaft zunehmen.[5] Auch die Gleichsetzung von Juden mit dem Staat Israel befördert bei über der Hälfte der Befragten antisemitische Ressentiments.

Die repräsentative Studie des Jahres 2021 befragte die Teilnehmenden neben Ihrer Zustimmung/Ablehnung in Bezug auf antisemitische Aussagen auch auf muslimfeindliche Positionen. Auch diese wurden zum Teil bereits im Abschnitt „Selbst- und Fremdwahrnehmungen von Juden und Muslimen" thematisiert. Zwei Drittel der Bundesbürger (66 %) teilten voll und ganz bzw. eher die Ansicht, dass in Deutschland lebende Muslime mit einem Migrationshintergrund engere Beziehungen zu ihren Herkunftsländern hätten als zu Deutschland. Jeweils rund die Hälfte war zudem der Meinung, dass die Mehrheit der Muslime große Distanz zur restlichen Bevölkerung halte (52 %) und dass viele Muslime Juden ablehnen würden (51 %). Der Aussage, dass es zu viele Muslime in Deutschland gebe, stimmten 40 Prozent der Befragten zu.

Hohe Zustimmungsraten gibt es auch hier in Bezug auf den Themenkomplex des Nahostkonflikts. Mehr als die Hälfte der Befragten meinte, dass sich viele Muslime hierzulande im Nahostkonflikt mit den Palästinensern solidarisieren würden (51 %). Auch sah ein noch größerer Anteil der Befragten eine Verbindung von hiesigen Muslimen mit Palästinensern, als sie eine Verbindung zwischen deutschen Juden und dem Staat Israel sahen (20 %). Dass Muslime heutzutage ähnlich diskriminiert und verfolgt würden wie Juden zur Zeit des Nationalsozialismus, gaben

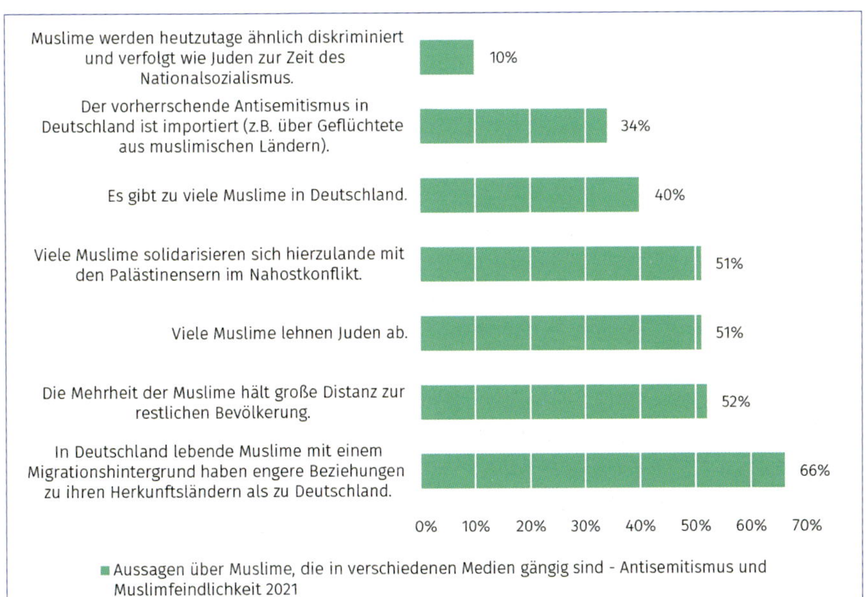

Abbildung 78: Zustimmung zu Aussagen über Muslime, die in verschiedenen Medien gängig sind – Antisemitismus und Muslimfeindlichkeit 2021

Aussagen über Muslime, die in verschiedenen Medien gängig sind - Antisemitismus und Muslimfeindlichkeit 2021	Gesamt	Geschlecht Männer	Frauen	Region West	Ost	Alter 18-29 J.	Ortsgröße unter 20.000 EW	Kontakt zu Muslimen nie
Basis (100%)	*1004*	*491*	*513*	*850*	*154*	*143*	*369*	*133*
In Deutschland lebende Muslime mit einem Migrationshintergrund haben engere Beziehungen zu ihren Herkunftsländern als zu Deutschland.	66%	75%	58%	64%	76%	47%	72%	74%
Die Mehrheit der Muslime hält große Distanz zur restlichen Bevölkerung.	52%	57%	47%	49%	65%	35%	58%	64%
Viele Muslime lehnen Juden ab.	51%	59%	43%	50%	58%	35%	53%	45%
Viele Muslime solidarisieren sich hierzulande mit den Palästinensern im Nahostkonflikt.	51%	61%	40%	50%	56%	28%	51%	48%
Es gibt zu viele Muslime in Deutschland.	40%	47%	34%	36%	64%	26%	49%	64%
Der vorherrschende Antisemitismus in Deutschland ist importiert (z.B. über Geflüchtete aus muslimischen Ländern).	34%	38%	30%	31%	51%	17%	38%	40%
Muslime werden heutzutage ähnlich diskriminiert und verfolgt wie Juden zur Zeit des Nationalsozialismus.	10%	5%	14%	10%	12%	10%	13%	14%

Abbildung 79: Zustimmung zu Aussagen über Muslime, die in verschiedenen Medien gängig sind, nach Geschlecht, Region, Alter, Ortsgröße, Kontakt zu Muslimen – Antisemitismus und Muslimfeindlichkeit 2021

10 Prozent der Befragten an. Zum Vergleich stimmten doppelt so viele Befragte dem zu, dass Juden heute einen ähnlichen Umgang mit Palästinensern hätten, wie jener mit ihnen während der Zeit des Nationalsozialismus in Deutschland. Besieht man weitere muslimfeindliche Antworten mit Bezug zu Juden, so verdichtet sich das Bild einer Entlastungsfunktion durch die Auslagerung von Antisemitismus auf Muslime. So meinten 34 Prozent, dass der vorherrschende Antisemitismus in Deutschland importiert sei (z. B. über Geflüchtete aus muslimischen Ländern). Der Anteil derjenigen, die sich keine Einschätzung zutrauten, lag bezüglich der Einstellung von Muslimen zu Juden sowie der Solidarität von Muslimen im Nahostkonflikt bei über einem Drittel der Befragten.

Männer meinten deutlich häufiger als Frauen, dass in Deutschland lebende Muslime mit einem Migrationshintergrund engere Beziehungen zu ihren Herkunftsländern hätten als zu Deutschland, dass die Mehrheit der Muslime große Distanz zur restlichen Bevölkerung halte, dass viele Muslime Juden ablehnen würden, dass

Es stimmen (voll und ganz/ eher) zu:	Gesamt	Anhänger der AfD
In Deutschland lebende Muslime mit einem Migrationshintergrund haben engere Beziehungen zu ihren Herkunftsländern als zu Deutschland.	66%	95%
Die Mehrheit der Muslime hält große Distanz zur restlichen Bevölkerung.	52%	84%
Viele Muslime lehnen Juden ab.	51%	65%
Viele Muslime solidarisieren sich hierzulande mit den Palästinensern im Nahostkonflikt.	51%	71%
Es gibt zu viele Muslime in Deutschland.	40%	87%
Der vorherrschende Antisemitismus in Deutschland ist importiert (z.B. über Geflüchtete aus muslimischen Ländern).	34%	68%
Muslime werden heutzutage ähnlich diskriminiert und verfolgt wie Juden zur Zeit des Nationalsozialismus.	10%	6%

Abbildung 80: Zustimmung zu Aussagen über Muslime, die in verschiedenen Medien gängig sind, Vergleich Gesamtangaben & AfD – Antisemitismus und Muslimfeindlichkeit 2021

Zusammenfassung Antisemitismus:

Am jüdisch-muslimischen Dialog Interessierte sehen Antisemitismus nicht unter den drängendsten Themen des jüdisch-muslimischen Dialogs. Circa jeder Zehnte nennt in diesem Kontext Antisemitismus und Antisemitismus unter Muslimen. Eine Mehrheit sieht dennoch in Antisemitismus und Muslimfeindlichkeit relevante gesellschaftliche Probleme. Ebenso sieht der überwiegende Teil der Befragten (vier Fünftel) eine Zunahme von Antisemitismus in den letzten fünf Jahren. Hingegen sah etwas weniger als die Hälfte der Gesamtbevölkerung eine Zunahme von Antisemitismus in den letzten vier Wochen vor der Befragung im Juni 2021. In diese Zeit fiel unter anderem ein erneutes Aufflammen des Nahostkonfliktes mit damit verbundenen anti-israelischen Demonstrationswellen und antisemitischen Übergriffen in Deutschland. Antisemitismus wird entsprechend zwar nicht als drängendstes Problem der Gesellschaft erachtet, ist aber in der Wahrnehmung sämtlicher Teilnehmenden präsent. Etwas mehr als jeder Dritte unter allen Befragten meint, dass die Anzahl der antisemitischen Vorkommnisse seit Beginn der Corona-Pandemie zugenommen habe. Ein Drittel meint, sie sei gleichgeblieben. Öffentlich-rechtliche Fernsehkanäle sowie der Rundfunk sind die primären Informationskanäle über antisemitische Vorfälle für die Gesamtbevölkerung. Fast die Hälfte der Befragten informiert sich über das Internet zu antisemitischen Vorkommnissen. Fast die Hälfte der befragten jungen Erwachsenen im Alter von 18 bis 29 Jahren informiert sich über soziale Medien zu antisemitischen Vorfällen oder beobachtet diese dort selbst. Nur wenige Befragte aus der Gesamtbevölkerung bekommen gar keine antisemitischen Vorkommnisse mit. Entsprechend der bevölkerungsrepräsentativen Befragung wird jeder zwanzigste Deutsche Zeuge von antisemitischen Ereignissen in seinem Alltag.

Als häufigste antisemitische Angreifer nannten Interessierte am jüdisch-muslimischen Dialog Rechtsradikale. Jüdische Befragte nannten hingegen gleichauf „Muslime". Laut einem Großteil der Interessierten am Dialog sind die Angreifer in der Mehrheit der Fälle Einzelpersonen, vom Alter Erwachsene oder Jugendliche und vom Geschlecht männlich. Von der Glaubensrichtung würden drei Viertel der Befragten die Angreifer dem Islam zu ordnen. Als primäre Hinweise hierfür sehen sie die Sprache, das äußere Erscheinungsbild sowie religiöse Attribute (z.B. Kleidung, Kopfbedeckung). Als Gründe für Antisemitismus sahen jüdische Befragte in erster Linie den Nahostkonflikt, familiäre Erziehung und Agitation aus dem Islam. Auch alle Befragten sahen mit einer großen Mehrheit eine Belastung des jüdisch-muslimischen Dialogs durch den Nahostkonflikt.

Die „Antisemitismus und Muslimfeindlichkeit"-Studie (2020) veranschaulichte, dass antisemitische Einstellungen auch in der Gesamtbevölkerung vorhanden sind und sich mitunter über Bezugnahmen zum Nahostkonflikt artikulieren. Unter Bundesbürgern gibt es eine zum Teil hohe Zustimmung zu Aussagen mit einem latenten oder expliziten antisemitischen Inhalt. Stellenweise stimmen mehr als ein Drittel solchen Aussagen zu, wonach Juden den Antisemitismus-Vorwurf zu ihrem eigenen Vorteil ausnutzten, in Deutschland bevorzugt behandelt würden oder die deutsche Schuld an der Schoa für sich ausnutzten. Ein Viertel meint, dass Juden stark in den Medien vertreten seien und einen intensiven Einfluss auf die Politik in Deutschland hätten. Auch die Gleichsetzung von Juden mit dem Staat Israel befördert bei über der Hälfte der Befragten antisemitische Ressentiments. Die Zustimmungsrate unter Anhängern der Partei „Alternative für Deutschland" ist überdurchschnittlich hoch.

Ebenso sind muslimfeindliche Einstellungen in der Gesamtbevölkerung stark ausgeprägt. Über die Hälfte stimmt dem zu, dass in Deutschland lebende Muslime eher ihren Herkunftsländern verbunden seien und ein distanziertes Verhältnis zur hiesigen restlichen Bevölkerung hätten. Mehr als ein Drittel meint, es gebe in Deutschland zu viele Muslime. Die Zustimmung zu Aussagen, wonach Antisemitismus unter Muslimen verortet wird, zeugt davon, dass dieser Bereich besonders auf Muslime projiziert wird. Die Hälfte meint, Muslime würden Juden ablehnen. Ein Drittel denkt, dass der vorherrschende Antisemitismus in Deutschland importiert sei. Auch hier teilen Anhänger der AfD alle abgefragten Ansichten überdurchschnittlich häufig.

sich viele Muslime hierzulande im Nahostkonflikt mit den Palästinensern solidarisieren würden und dass es zu viele Muslime in Deutschland gebe. Jüngere Personen unter 30 Jahren stimmten allen Aussagen – mit Ausnahme der These zur Diskriminierung und Verfolgung von Muslimen – deutlich seltener zu als der Durchschnitt aller Befragten. Ostdeutsche teilten nahezu alle abgefragten Ansichten häufiger als Westdeutsche. Insbesondere waren sie deutlich häufiger als Westdeutsche der Meinung, dass es zu viele Muslime in Deutschland gebe und dass der in Deutschland vorherrschende Antisemitismus importiert sei. Personen aus Gemeinden mit weniger als 20.000 Einwohnern meinten häufiger als Befragte aus größeren Städten bzw. Gemeinden, dass in Deutschland lebende Muslime mit einem Migrationshintergrund engere Beziehungen zu ihren Herkunftsländern hätten als zu Deutschland. Personen, die nach eigenen Angaben nie persönlichen Kontakt zu Muslimen haben, fanden deutlich häufiger als der Durchschnitt der Befragten, dass es zu viele Muslime in Deutschland gebe. Anhänger der AfD teilten nahezu alle abgefragten Ansichten überdurchschnittlich häufig.

Maßnahmen zur Stärkung jüdischer und muslimischer Gemeinschaften in Deutschland

Wie im ersten Kapitel veranschaulicht, besteht ein starkes Ungleichgewicht dahingehend, wie viele Personen Juden im Vergleich zu Muslimen persönlich kennen. Hat knapp die Hälfte der am jüdisch-muslimischen Dialog Interessierten regelmäßigen oder gelegentlichen Kontakt zu Juden, so hat das in der Gesamtbevölkerung nahezu nur jede/r Zehnte. Analog verhält es sich mit der Einstellung zu Angehörigen der jüdischen Religionsgemeinschaft, die in der Gesamtbevölkerung tendenziell negativer ist und in der sich antisemitische Ressentiments halten. Zu Muslimen haben wesentlich mehr Befragte aus beiden Gruppen regelmäßig oder gelegentlich Kontakt. Die Angehörigen dieser Religionsgemeinschaft werden negativer eingeschätzt, in der Gesamtbevölkerung sogar wesentlich (43 % zu 83 % in 2019). Gleichfalls bestehen starke Vorurteile auch Muslimen gegenüber.

Das starke Ungleichgewicht in der persönlichen Bekanntschaft mit Juden und Muslimen ist vermutlich in den sehr unterschiedlichen Größenverhältnissen beider Bevölkerungsgruppen in der deutschen Gesellschaft begründet.[f] Die Wahrscheinlichkeit, im Alltag eher Muslimen als Juden zu begegnen, ist statistisch wesentlich höher. Die Befragungen von Schalom Aleikum zielten neben einer Erhebung persönlicher Begegnungen gleichfalls auf eine Erkundung von anderen Informationsquellen, die Wissen über Juden und Muslime an die Gesamtgesellschaft vermitteln.

2019 wurden die Teilnehmenden befragt, wie umfangreich sie während ihrer schulischen Ausbildung Wissen zu den Religionen Christentum, Judentum, Islam, Buddhismus und Hinduismus vermittelt bekamen. 65 Prozent hatten (sehr) umfangreiches Wissen über das Christentum vermittelt bekommen, 28 Prozent über das Judentum und 9 Prozent über den Islam. Noch weniger Vermittlung erhielten Religionen wie der Buddhismus (5 % (sehr) umfangreiches Wissen, 61 % gar keins) und der Hinduismus (3 % (sehr) umfangreiches Wissen, 65 % gar keins). Dieses Verhältnis setzte sich auch unter den Befragten der #Umgefragt-Studie im Jahr 2020 fort. Der großen Mehrheit der Befragten (71 %) wurde im Rahmen der schulischen Ausbildung (sehr) umfangreiches Wissen über das Christentum vermittelt. 31 Prozent hatten auch (sehr) umfangreiches Wissen über das Judentum erworben. 21 Prozent gaben an, im Rahmen ihrer schulischen Ausbildung (sehr) umfangreiches Wissen über den Islam vermittelt bekommen zu haben. Nur wenige Befragte (6 bzw. 5 %) hatten in der Schule (sehr) umfangreiches Wissen über den Buddhismus bzw. Hinduismus erlangt. Dass sie (sehr) umfangreiches Wissen über das Christentum oder

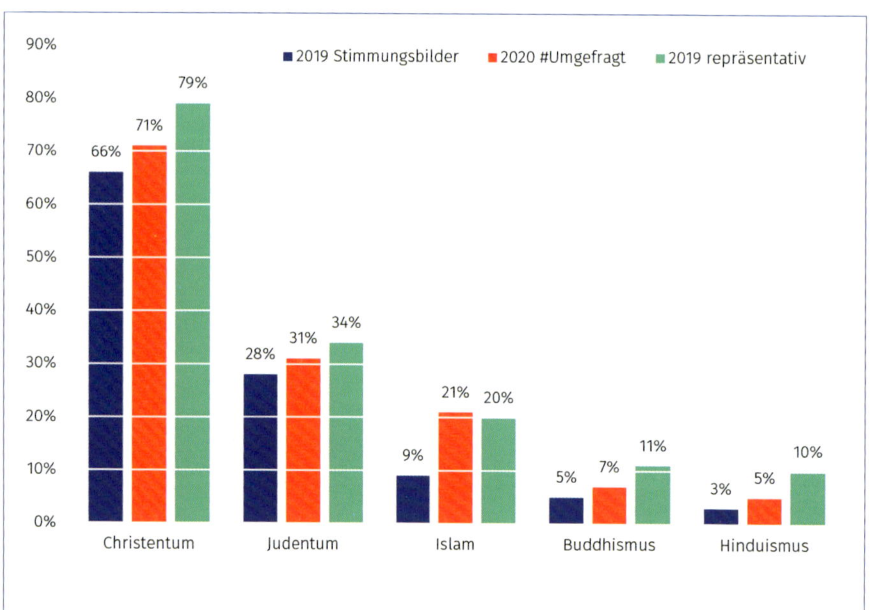

Abbildung 81: Schulische Wissensvermittlung zu Religionen – Stimmungsbilder 2019, #Umgefragt 2020, Panel-Befragung Forsa 2019

f Siehe die dahingehenden Ausführungen im Kapitel „Methodologie: a. Studiendesign und Stichprobenkonzept".

das Judentum in der Schule vermittelt bekommen hatten, gaben die befragten Christen noch etwas häufiger an als die Angehörigen anderer Konfessionen. Die Tendenz, dass Befragte verhältnismäßig wenig Wissen zum Judentum und Islam innerhalb ihrer Schulzeit vermittelt bekamen, bestätigte sich auch in der 2019 durchgeführten Repräsentativbefragung. Ähnlich wie die Interessierten des jüdisch-muslimischen Dialogs hatten auch die Bundesbürger insgesamt vor allem über das Christentum umfangreiches Wissen in ihrer Schulzeit vermittelt bekommen. 34 Prozent der Bundesbürger hatten auch über das Judentum, 20 Prozent über den Islam (sehr) umfangreiches Wissen vermittelt bekommen.

Über die gesamte Forschungsspanne wurde deutlich, dass insbesondere der Bereich der schulischen Bildung für die Wahrnehmung von Juden und Muslimen zentral ist. Der Präsenz eines entsprechenden Bildungsdefizits über das Judentum und den Islam waren sich auch vor allem am jüdisch-muslimischen Dialog Interessierte gewahr. Beim Wissensstand spielte gleichfalls die Schulform eine Rolle. In Bezug auf das Christentum schätzten repräsentativ Befragte unabhängig von ihrer Schulform zu knapp 80 Prozent ein hinreichendes schulisch vermitteltes Wissen. Beim Judentum sowie dem Islam sank die Einschätzung

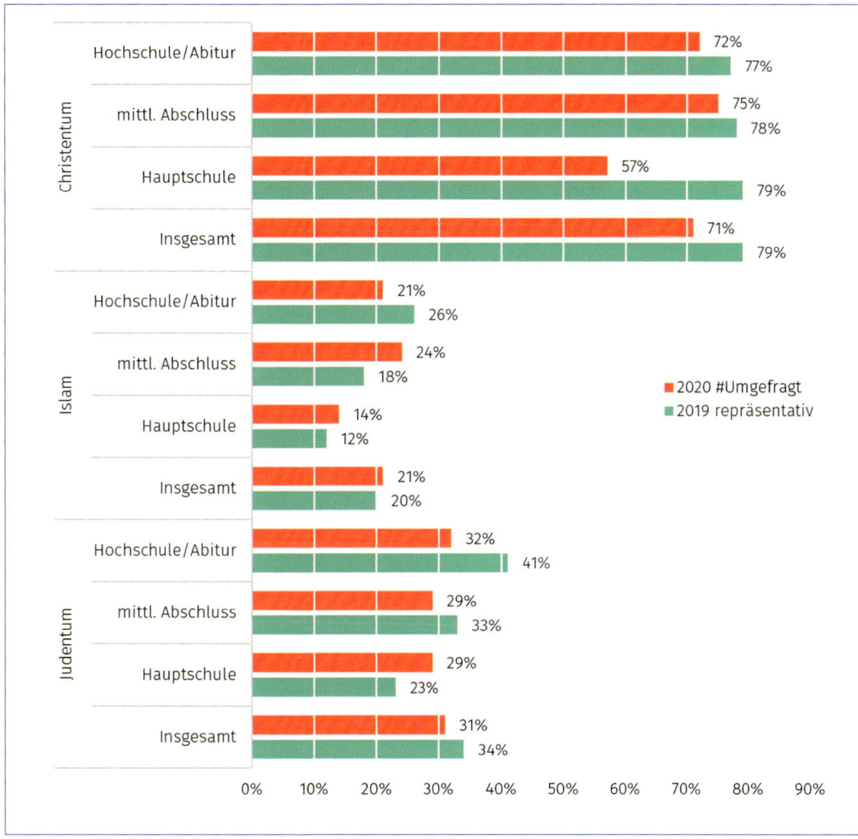

Abbildung 82: **Schulische Wissensvermittlung zu Religionen, nach Schulformen - Repräsentative Panel-Befragung 2019, #Umgefragt 2020**

Abbildung 83: **Bereiche, für die die religiöse Herkunft wichtig ist – Schalom Aleikum Veranstaltungen 2019**

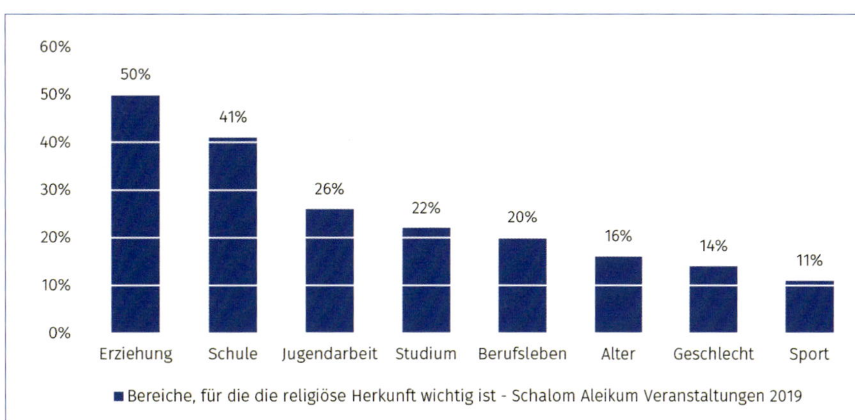

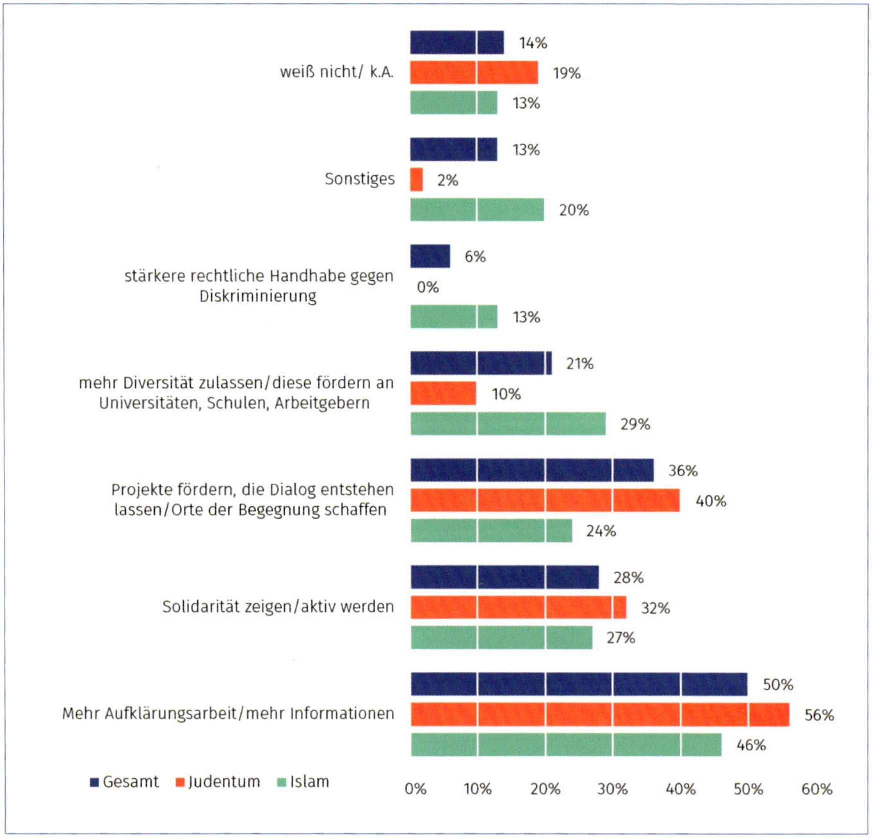

Abbildung 84: Wünschenswerte Unterstützung durch Gesellschaft – Stimmungsbilder 2019

des Wissens von Hochschule/Abitur zum mittleren Abschluss und abschließend zur Hauptschule. Anders verhielt es sich bei der großen Gruppe der Interessierten am jüdisch-muslimischen Dialog, von denen Hauptschulabsolventen angaben, wesentlich weniger Wissen über das Christentum vermittelt bekommen zu haben. Bei der Vermittlung zum Islam erhielten wiederum überdurchschnittlich viele Personen mit einem mittleren und einem Hauptschulabschluss Wissen zu dieser Religion. In Bezug auf das Judentum schätzten wiederum nur Hauptschulabsolventen eine überdurchschnittlich hohe Wissensvermittlung für sich.

Auf die offene Frage nach den wichtigsten Bereichen für den jüdisch-muslimischen Dialog gaben die Schalom-Aleikum-Veranstaltungsteilnehmenden des Jahres 2019 den Bildungsbereich sowie ähnliche Themen wie „Schule" und „Bildungsarbeit" an.

In fast allen Erhebungen machte sich die zentrale Stellung von Bildungsmaßnahmen zum Judentum und Islam deutlich. Auf die offen, ohne jede Vorgabe gestellte Frage danach, welche Unterstützung durch die Gesellschaft ihrer Meinung nach sinnvoll wäre, um gegen Diskriminierung und Religionsfeindlichkeit vorzugehen, gab die Hälfte der Stimmungsbilder-Befragten (50 %) an, dass sie sich mehr Aufklärungsarbeit bzw. mehr Informationen wünschen würden. 36 Prozent fanden es sinnvoll, wenn Projekte gefördert werden würden, die den Dialog entstehen

Abbildung 85: Maßnahmen zur Vorbeugung von Antisemitismus unter Muslimen – Gemeindetag 2019

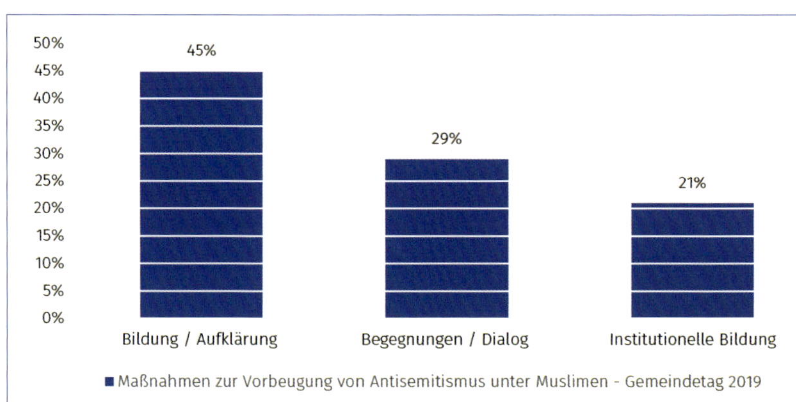

Abbildung 86: Antisemitische Vorfälle an Schule – Lehrerbefragung 2019

Antisemitische Vorfälle an Schulen - Lehrer-Befragung 2019

37%	Antisemitismus gibt es nicht an meiner Schule.
17%	Antisemitische Vorfälle gibt es selten an meiner Schule. (Holocaust-Witze/ „Du Jude")
15%	Antisemitische Vorfälle gibt es regelmäßig an meiner Schule.
11%	Meine Schule ist gut gegen Antisemitismus ausgerüstet.
8%	Meine Schule ist schlecht gegen Antisemitismus ausgerüstet
5%	Rassistische Beleidigungen im Allgemeinen
3%	Findet eher digital (über Whatsapp) statt, daher nicht wahrnehmbar
1%	Antisemitismus nicht nur unter muslimischen Schülern

lassen, oder wenn Orte der Begegnung geschaffen werden würden. 28 Prozent wünschten sich, dass mehr Solidarität gezeigt wird bzw. man aktiv wird. Dass mehr Diversität zugelassen oder diese gefördert werden sollte, meinten 21 Prozent.

Die zentrale Rolle einer besseren schulischen Bildungsarbeit zu Juden und Muslimen zeigt sich auch an den Diskriminierungserfahrungen. Wie im entsprechenden Kapitel ausgeführt, erlebte knapp jede/r Fünfte (22 %) Diskriminierungserfahrungen in Bildungseinrichtungen. Eine zentrale Rolle spielt Bildung für die Befragten insbesondere bei der Prävention von Antisemitismus. Die Befragten des Gemeindetags sahen als Maßnahmen zur Vorbeugung von Antisemitismus unter Muslimen vor allem „Bildung/Aufklärung" (45 %), „Begegnung/Dialog" (29 %) und „Institutionelle Bildung" (21 %) (siehe Abbildung 85, S. 78).

Die Folgen des ungleich verteilten Wissens zu Juden und Muslimen zeigten sich am Komplex des „Antisemitismus an Schulen". Wie es wissenschaftliche Studien sowie antisemitische Ereignisse seit Jahren belegen, ist dieses Phänomen eine der zentralen Herausforderungen der jüdisch-muslimischen Beziehungen.[6] Dies nahm Schalom Aleikum zum Anlass, eigene Erhebungen in diesem Bereich durchzuführen. Am 25. November 2019 fand in den Räumlichkeiten der Synagogen-Gemeinde Köln die Schalom-Aleikum-Dialogplattform „New School. Jüdisch-muslimisches Gespräch über Antisemitismus an Schulen" statt. Im Vorfeld der Veranstaltung befragte Schalom Aleikum über eine Online-Befragung Lehrerinnen und Lehrer an Schulen in Nordrhein-Westfalen zu ihren Erfahrungen mit Antisemitismus. Es zeigte sich, dass ein Großteil Antisemitismus nicht explizit wahrnahm. So gaben 37 Prozent der Teilnehmenden an, dass es an ihrer Schule keinen Antisemitismus gebe. Bei 17 Prozent käme dieser nur selten, bei 14 Prozent wiederum regelmäßig vor. Laut 11 Prozent seien deren Schulen gut gegen Antisemitismus gerüstet. Bei 8 Prozent seien diese es nicht. Laut 5 Prozent kämen rassistische Beleidigungen im Allgemeinen vor. 3 Prozent meinten, dass antisemitische Übergriffe eher digital stattfänden und deswegen vor Ort an Schulen nicht wahrnehmbar seien. Laut 1 Prozent sei Antisemitismus nicht nur unter muslimischen Schülern verbreitet.

Als Hauptgründe für Antisemitismus an Schulen gaben die Lehrerinnen und Lehrer wiederum die Nennungen „Unwissenheit/fehlende Aufklärung" (24 %), „ein fehlendes Bewusstsein für Vorurteile/Rassismus/Antisemitismus" (10 %), „Vorurteile/Verschwörungstheorien" (9 %), „muslimisch motiviert" (9 %), „Ressentiments im Elternhaus" (7 %), „Nahostkonflikt/Israel" (6 %), „zu wenige Möglichkeiten das Thema im Unterricht zu behandeln" (5 %) und „fehlende Kontakte zu Juden" (5 %) an (siehe Abbildung 87).

Die Einschätzung ähnelt entsprechend den Angaben der Befragten des Gemeindetages.[g] Unter den befragten Lehrern fühlten sich 35 Prozent gut ausgebildet, um im Schulbetrieb mit Antisemitismus umzugehen. 22 Prozent empfanden sich nicht dafür ausgebildet, um mit überzeugten Antisemitinnen und Antisemiten umzugehen, und 20 Prozent, um allgemein

g Siehe Abbildung 71 auf Seite 69.

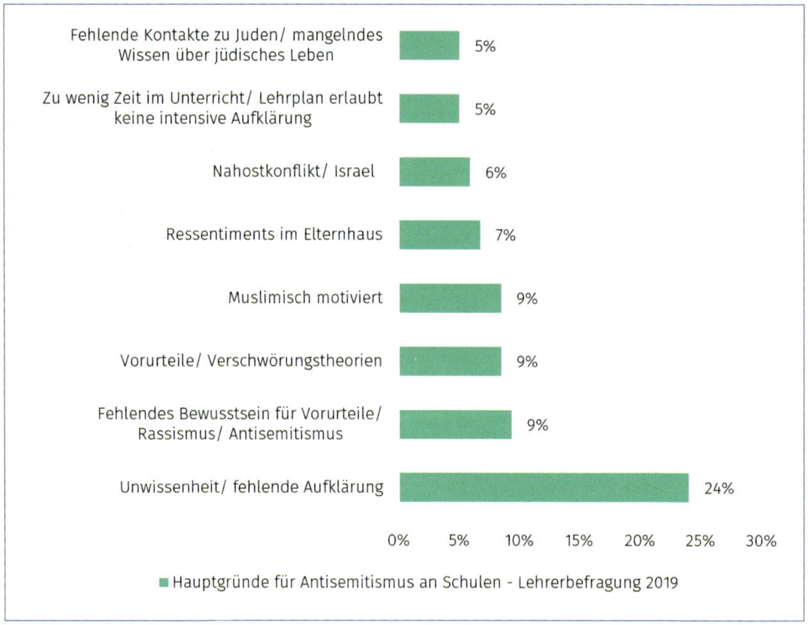

Abbildung 87: **Hauptgründe für Antisemitismus an Schulen – Lehrerbefragung 2019**

Abbildung 88: **Vorbereitung auf Umgang mit Antisemitismus im Schulbetrieb in Lehrer-Ausbildung – Lehrerbefragung 2019**

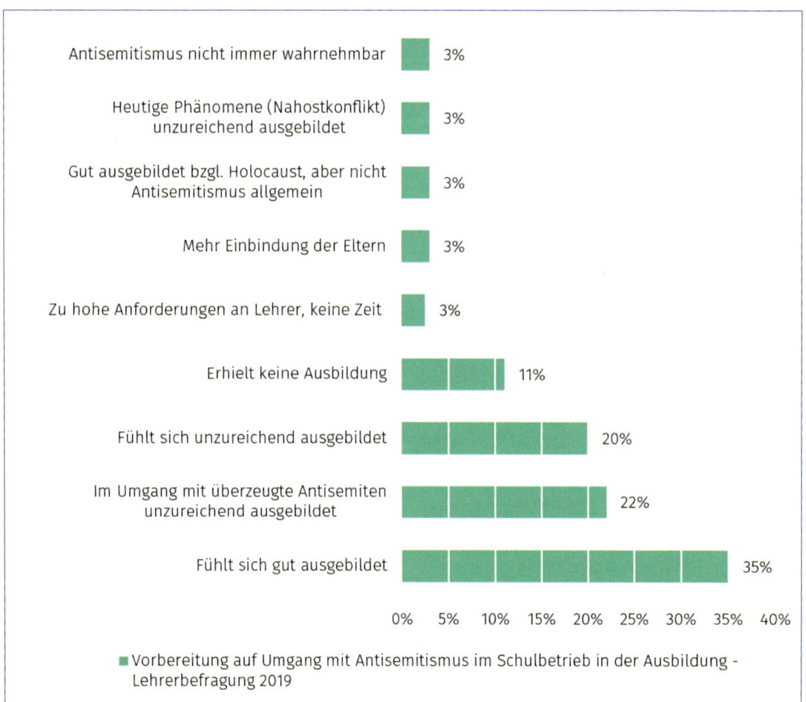

mit Antisemitismus umzugehen. 11 Prozent gaben wiederum an, keine Ausbildung hierfür erhalten zu haben. Jeweils 3 Prozent gaben als Antworten an, dass es zu hohe Anforderungen an Lehrerinnen und Lehrer gebe, der Antisemitismus nicht immer wahrnehmbar sei und die Eltern mehr eingebunden werden sollten. Gleichfalls schätzten 3 Prozent, dass sie eine gute Ausbildung bzgl. des Holocausts hätten, aber eine schlechte in Bezug auf Antisemitismus heute und wichtige Geschehnisse wie den Nahostkonflikt.

Von der Schulpolitik wünschten sich 21 Prozent Fortbildungsangebote zum Umgang mit Antisemitismus, 20 Prozent mehr Schulprojekte für Schülerinnen und Schüler, 19 Prozent Unterrichtsmaterial sowie mehr Aufklärung. Jeweils 8 Prozent wünschten sich Handlungsempfehlungen und außerschulische Kooperationspartner (siehe Abbildung 89).

Auf die Frage, inwiefern in ihrer Schule eine kritische Auseinandersetzung mit antisemitischen Hassreden im Online-Bereich stattfinde, antworteten die Befragten wie folgt: 27 Prozent sahen keine Auseinandersetzung, 12 Prozent sahen einen entsprechenden Bedarf, 15 % sahen eine Auseinandersetzung, 10 Prozent keine in ihrem Fach und 9 Prozent keinen Bedarf dafür (siehe Abbildung 90) .

In offenen Kommentaren, die Befragte in der Erhebung ergänzen konnten, zeigten sich folgende zentrale Tendenzen: 28 Prozent sahen eine Notwendigkeit von pädagogischer Präventionsarbeit. 16 Prozent meinten, dass man Rassismus allgemein bekämpfen müsse. 10 Pro-

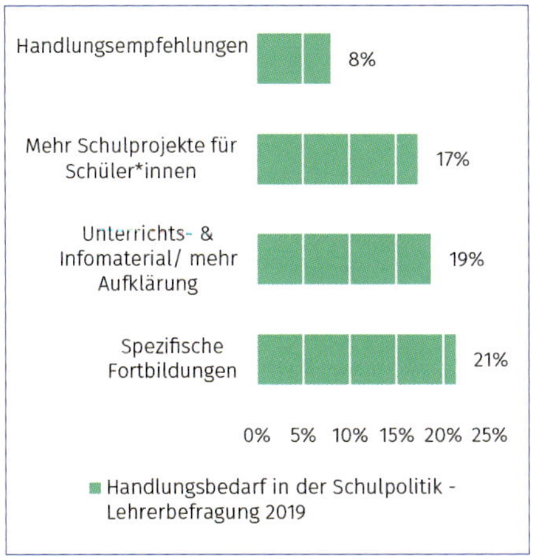

Abbildung 89: Handlungsbedarf in der Schulpolitik – Lehrerbefragung 2019

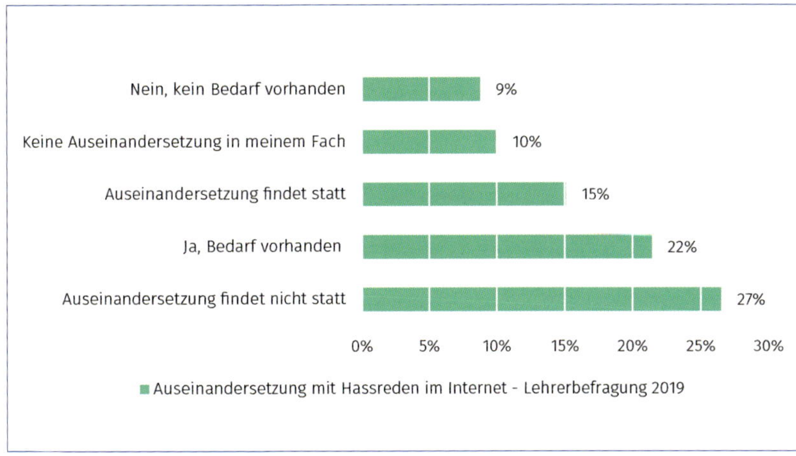

Abbildung 90: Auseinandersetzung mit antisemitischen Hassreden im Internet – Lehrerbefragung 2019

Kategorien	Prozent
Notwendigkeit pädagogischer Präventionsarbeit	28%
Rassismus allgemein bekämpfen	16%
Lehrer müssen sofort reagieren/ Vorbilder sein	10%
Schulstrukturen an Bedarf anpassen	7%

Abbildung 91: Kommentare zu Antisemitismus an Schulen – Lehrerbefragung 2019

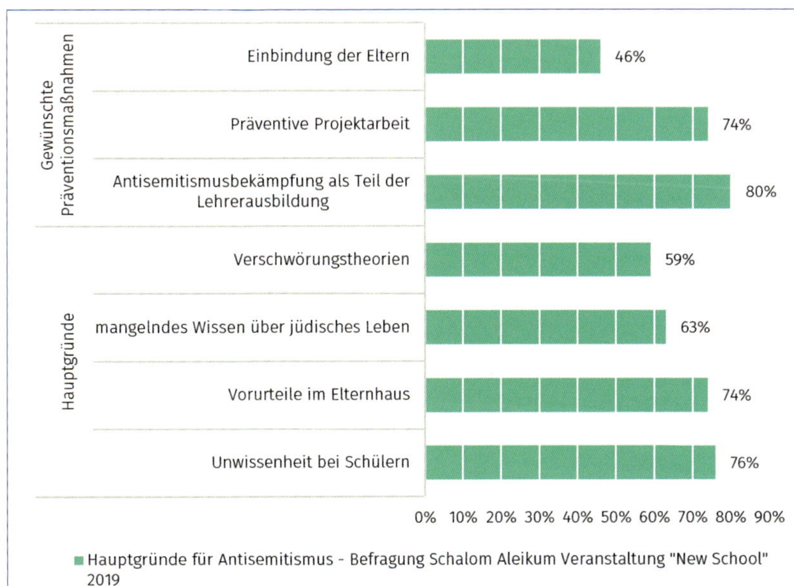

Abbildung 92: Befragung zu Antisemitismus an Schulen – New School Veranstaltung 2019

zent gaben an, dass Lehrerinnen und Lehrer sofort reagieren müssten, und 7 Prozent meinten, dass die Schulstrukturen an den jeweiligen Bedarf angepasst werden sollten.

Die wesentlichen Ergebnisse bestätigte die darauffolgende schriftliche Befragung bei der New-School-Veranstaltung von Schalom Aleikum in Köln. In diese wurden Ergebnisse der Online-Befragung als mögliche Antwortoptionen integriert. So sahen Befragte als Hauptgründe für Antisemitismus an Schulen Unwissenheit bei Schülern (76 %), Vorurteile im Elternhaus (74 %), mangelndes Wissen über jüdisches Leben (63 %) und Verschwörungstheorien (59 %). Eine Vorbeugung von Antisemitismus an Schulen sahen die Befragten entsprechend durch die Antisemitismusbekämpfung als Teil der Lehrerausbildung (80 %), die präventive Projektarbeit (74 %) und die Einbindung der Eltern (46 %).

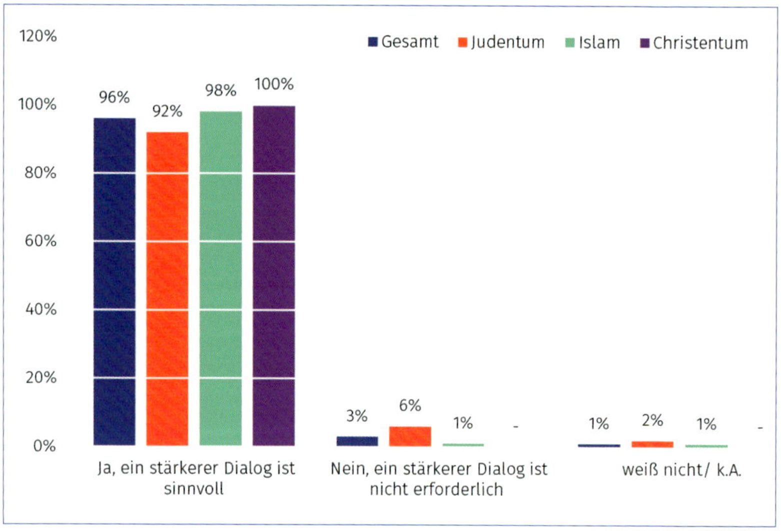

Abbildung 93: Stärkerer Dialog zwischen Juden und Muslimen – Stimmungsbilder 2019

Wie es die bereits zu Beginn des Abschnitts erläuterten Ergebnisse aufzeigten, gaben Befragte neben dem Bildungsbereich auch den Dialog als zentrales Mittel zur Vorbeugung gegen Antisemitismus an. Diesen Austausch zu stärken war auch ein generelles Anliegen für die am jüdisch-muslimischen Dialog Interessierten. Von den Stimmungsbilder-Teilnehmenden wünschten sich 96 Prozent einen stärkeren Dialog zwischen Juden und Muslimen. Am meisten wurde dieses Anliegen von Christen unterstützt (100 %), während 98 Prozent der Muslime und 92 Prozent der jüdischen Befragten diesen als sinnvoll ansahen.

Bei Schalom Aleikum Veranstaltungen 2019 empfanden 81 Prozent der Besucher, dass jüdisch-muslimische Dialogformate zu einer besseren Verständigung zwischen Juden und Muslimen beitragen würden.

Gleichfalls stimmten 76 Prozent der Gemeindetag-Teilnehmenden (eher) zu, dass Dialog zwischen Juden und Muslimen zu einer Verbesserung ihrer Beziehungen beitrage.

Wiederum meinten Gemeindetag-Besucher zu 47 Prozent, dass der Dialog von Juden sowie Muslimen aus-

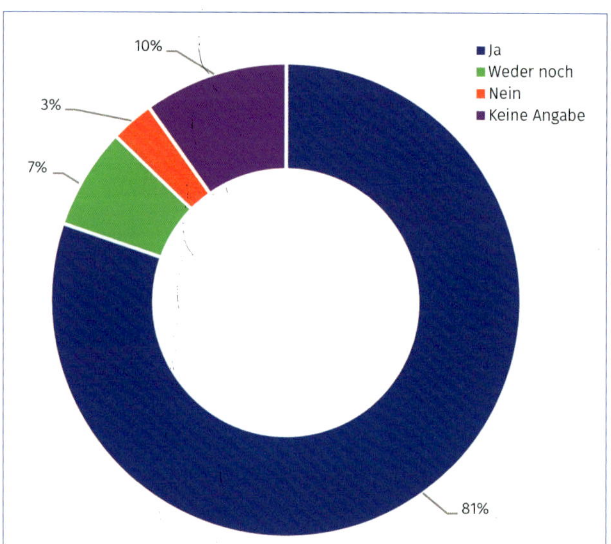

Abbildung 94: Bessere Verständigung zwischen Juden und Muslimen durch jüdisch-muslimische Dialogformate – Schalom Aleikum Veranstaltungen 2019

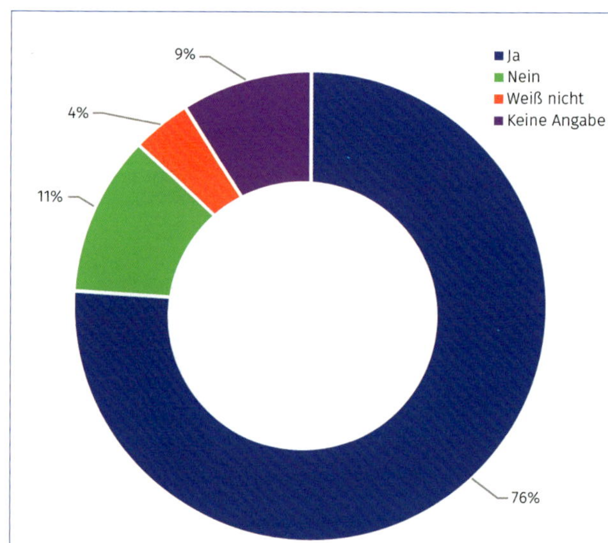

Abbildung 95: Dialog zwischen Juden und Muslimen trägt zu einer Verbesserung ihrer Beziehungen bei – Gemeindetag 2019

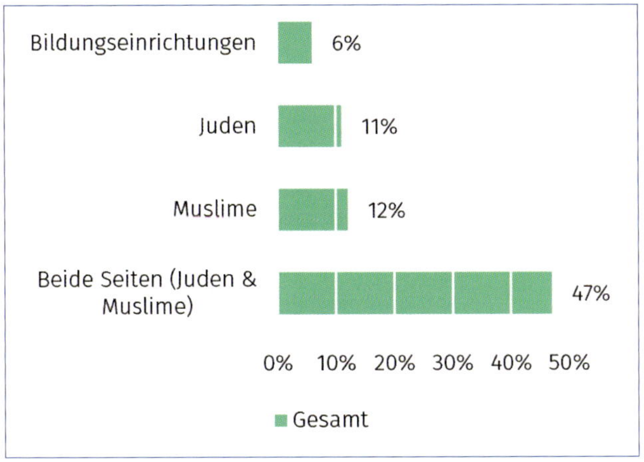

Abbildung 96: **Initiative für jüdisch-muslimischen Dialog – Gemeindetag 2019**

gehen solle. 12 Prozent waren hingegen der Meinung, dass die Initiative eher von Muslimen ausgehen solle, 11 Prozent von Juden.

Zuletzt meinte auch die große Mehrheit aller #Umgefragt-Befragten (87 %), es unterstütze das gesellschaftliche Zusammenleben, wenn Juden und

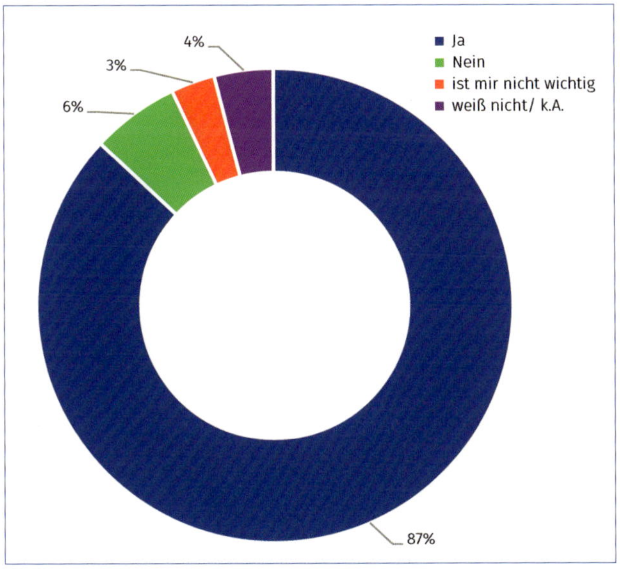

Abbildung 97: **Stärkerer Dialog zwischen Juden und Muslimen unterstützt gesellschaftliches Zusammenleben – #Umgefragt 2020**

Muslime stärker als bisher miteinander in Dialog treten würden.

Hinweise auf die Wirkung einer aktiven Dialogpraxis liefert beispielsweise die veranstaltungsbezogene Evaluation zu den Schalom-Aleikum-Events aus dem Jahr 2020. 44 Prozent erhielten Informationen, die sie bis zur Veranstaltung nicht kannten. 30 Prozent der Befragten wollten sich mit dem Veranstaltungsthema intensiver beschäftigen. Zugang zu einer bisher fremden Perspektive erhielten 29 Prozent. Wiederum sahen 26 Prozent keine Veränderung ihrer Perspektive. Jeweils 23 Prozent kamen wiederum in Kontakt mit Gleichgesinnten und sahen bestimmte Themen jetzt mit anderen Augen (siehe Abbildung 98).

Einen Wissenszugewinn erhielten Teilnehmende wiederum über Muslime bzw. den Islam (31 %), über Juden bzw. das Judentum (24 %), über Antisemitismus (18 %) und über Muslimfeindlichkeit (14 %); 13 Prozent machten keine Angabe (siehe Abbildung 99).

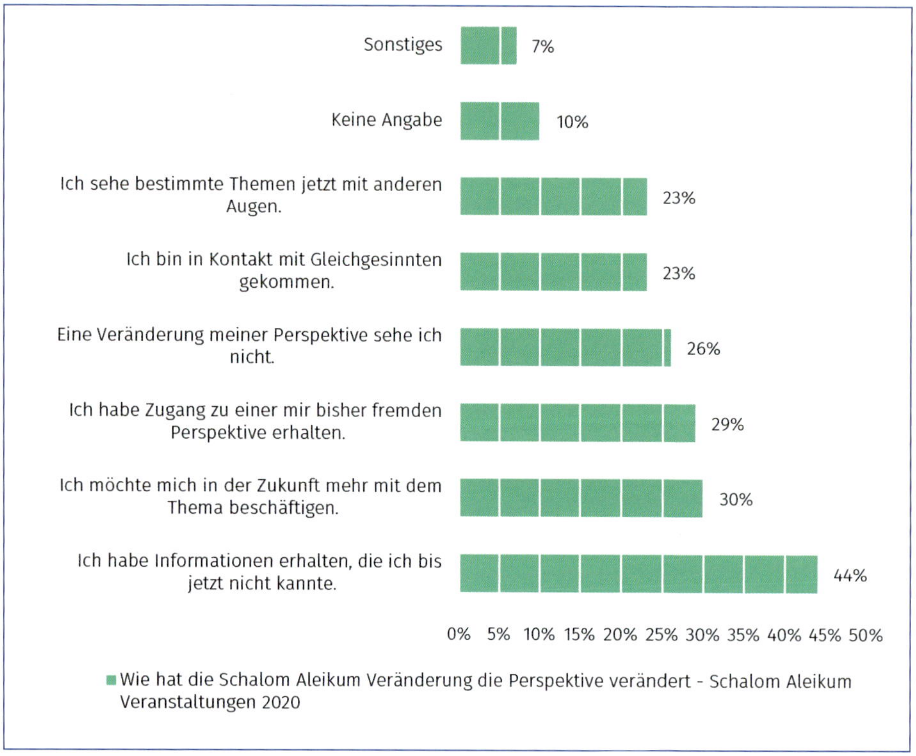

Abbildung 98: Perspektivänderung durch Schalom Aleikum Veranstaltung – Schalom Aleikum Veranstaltungen 2020

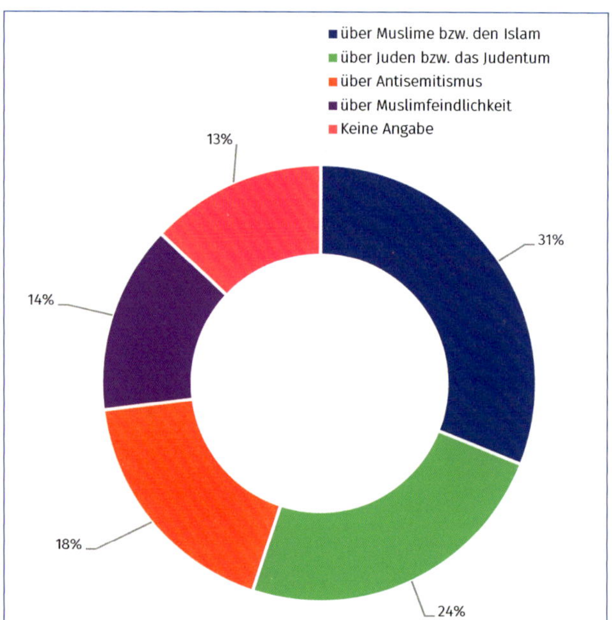

Abbildung 99: Wissenserweiterung zu Themen – Schalom Aleikum Veranstaltungen 2020

1 Entsprechende Beispiele können in der ZIS (Open Access Repositorium für sozial- und verhaltenswissenschaftliche Messinstrumente) und der MISS (Measurement Instruments for the Social Sciences) auf der Webpräsenz des GESIS – Leibniz-Institut für Sozialwissenschaften eingesehen werden: https://zis.gesis.org/.

2 Diese Einordnung orientiert sich an der Arbeitsdefinition „Antisemitismus" der International Holocaust Remembrance Alliance (2016). https://www.holocaustremembrance.com/de/resources/working-definitions-charters/arbeitsdefinition-von-antisemitismus.

3 Bergmann, Werner, Ulrich Wyrwa. *Antisemitismus in Zentraleuropa: Deutschland, Österreich und die Schweiz. Vom 18. Jahrhundert bis zur Gegenwart*. Darmstadt: WBG (Wissenschaftliche Buchgesellschaft), 2011, S. 8.

4 Siehe hierzu beispielsweise: *Antisemitische Verschwörungsmythen in Zeiten der Coronapandemie. Das Beispiel Qanon.* Erstellt vom Bundesverband Recherche- und Informationsstelle Antisemitismus (RIAS) E.V. Im Auftrag des American Jewish Committee Berlin Ramer Institute. Berlin 2021.

5 Vgl. Zick, Andreas, Küpper Beate, Sabine Achour. *Die Geforderte Mitte: Rechtsextreme und Demokratiegefährdende Einstellungen in Deutschland 2020/21*. Bonn: Dietz, 2021, S. 191ff.

6 Siehe hierfür beispielhaft Bernstein, Julia. *Antisemitismus an Schulen in Deutschland: Befunde – Analysen – Handlungsoptionen*. Weinheim: Beltz Juventa, 2020 und Steinke, Ronen. *Terror gegen Juden: Wie antisemitische Gewalt erstarkt und der Staat versagt: Eine Anklage*. Berlin: Berlin Verlag, 2020.

Zusammenfassung: Maßnahmen zur Stärkung jüdischer und muslimischer Gemeinschaften in Deutschland

Die Befragungen von Schalom Aleikum verwiesen auf ein starkes Defizit der Wissensvermittlung über Juden und Muslime im Bereich der schulischen Bildung. Ein überwiegender Teil hat in der Schule Wissen zum Christentum vermittelt bekommen, zum Judentum jeder Dritte und beim Islam im Schnitt jeder Fünfte. Die Einschätzung des vermittelten Wissens unterscheidet sich nach Schulform: Befragte mit Hochschule und Abitur als höchsten Abschlüssen haben im Schnitt das meiste Wissen, Hauptschulabsolventen das geringste. Der Bildungsbereich wurde auch von den Befragten als wichtigster Bereich für den jüdisch-muslimischen Dialog genannt. Jeder zweite Interessierte am jüdisch-muslimischen Dialog sieht Bildung als zentralstes Thema für die Beziehungen zwischen Juden und Muslimen. Ebenso viele sehen in mehr Aufklärungsarbeit/Information die wichtigste Unterstützung für Juden und Muslime im Allgemeinen. Dies zeigt sich beispielsweise auch am Bereich des „Antisemitismus unter Muslimen". Fast die Hälfte der Interessierten sieht in Bildung und Aufklärung die wichtigste Maßnahme zur Vorbeugung davon. In den Befragungen zeigte sich auch, dass Schülerinnen und Schüler sowie Lehrkräfte hierüber informiert werden müssten. Laut der Lehrerbefragung von Schalom Aleikum nimmt über ein Drittel der Befragten keinen Antisemitismus an ihren Schulen wahr. 15 Prozent meinen hingegen, dass antisemitische Vorfälle regelmäßig an ihrer Schule vorkämen. Als Hauptgründe sieht ein Viertel auch hier Unwissenheit und fehlende Aufklärung. Ein Drittel fühlt sich gut ausgebildet, um mit Antisemitismus im Lehrbetrieb umzugehen. Jeder Fünfte fühlt sich hingegen unzureichend ausgebildet und wünscht sich dahingehend spezifische Fortbildungen von der Schulpolitik. Ein Fünftel meint gleichfalls, dass keine Auseinandersetzung mit dahingehenden Themen wie Hassreden im Internet an ihren Schulen stattfinde, aber ein Bedarf hierfür vorhanden sei. Auch hier erhofft sich circa ein Drittel eine pädagogische Präventionsarbeit.

Eine zentrale Rolle für den Kampf gegen Antisemitismus unter Muslimen nimmt für die Befragten gleichfalls der jüdisch-muslimische Dialog ein. Eine Mehrheit der Befragten spricht sich klar für einen stärkeren Dialog aus, sieht einen positiven Effekt durch dahingehende Dialogformate und durch Dialog im Allgemeinen. Eine Bestätigung für die Wirkung des Dialogs lieferten Befragungen von Schalom Aleikum unter Veranstaltungsteilnehmenden des Jahres 2020. Fast die Hälfte erhielt Informationen, die sie bis zur Veranstaltung nicht hatten. Ungefähr ein Drittel möchte sich nach der Veranstaltung mehr mit dem Thema beschäftigen und erhielt Zugang zu einer bisher fremden Perspektive.

Handlungsempfehlungen

Übersicht zu den Handlungsempfehlungen:

- Mehr Begegnungsräume für Juden, Muslime und die Gesamtgesellschaft schaffen durch die Unterstützung von Dialog- und Begegnungsprogrammen
- Betroffenengruppen von Diskriminierung besser über Beratungs- und Meldemöglichkeiten informieren
- Über aktuelle Formen von Antisemitismus in Bildungseinrichtungen aufklären
- Antisemitismus als gesamtgesellschaftliches Problem auf der politischen Ebene betonen und systematisch bekämpfen
- Schulische Lehrkräfte für Antisemitismus (auch in Form von Verschwörungsmythen und israelbezogenem Antisemitismus) sensibilisieren
- Die Themenbereiche Judentum und Islam stärker in die Lehrpläne aufnehmen sowie zeitlich bis in die Gegenwart behandeln
- Forschung zu antisemitischen Einstellungen unter Muslimen intensivieren
- Forschung zur Rezeption des Nahostkonflikts in Deutschland ausbauen
- Zusammenarbeit zur Bekämpfung von Antisemitismus auf Social-Media-Plattformen stärken
- Intensivere Extremismus- und Präventionsforschung zu Anhängern und Sympathisanten der Alternative für Deutschland

ÜBERSICHT

Die Schalom-Aleikum-Erhebungen von 2019 bis 2021 bilden qua ihrer Natur Momentaufnahmen bzgl. des Wissens um Juden und Muslime, ihrer Diskriminierungserfahrungen, des Umgangs mit Antisemitismus und des jüdisch-muslimischen Dialogs. Als Gesamtergebnis ist festzuhalten, dass es in diesen Bereichen auf einer politischen – insbesondere bildungspolitischen –, aber auch zivilgesellschaftlichen Ebene großen Handlungsbedarf gibt. Nachfolgend sind einige Handlungsempfehlungen aufgelistet, die Schalom Aleikum aus den Ergebnissen ableitet.

Schalom Aleikum wies über seine Studien empirisch nach, dass der Wissensstand über Juden und Muslime die entsprechenden Einstellungen bzgl. dieser Gruppen beeinflusst. Personen, die keine Kontakte bzw. wenig Wissen zu beiden Gruppen haben, tendieren eher dazu, negativen Vorurteilen zuzustimmen. Dieser Umstand korreliert mit einer geringen Wissensvermittlung zu Juden und Muslimen in Bildungseinrichtungen. Zentrales Argument dafür, auch in Zukunft vermehrt in die Bildungsarbeit bzgl. jüdischen und muslimischen Lebens in Deutschland zu investieren.

Mehr Begegnungsräume für Juden, Muslime und die Gesamtgesellschaft schaffen durch die Unterstützung von Dialog- und Begegnungsprogrammen:
Schalom Aleikum brachte in seinen Dialogplattformen Gruppen in den Mittelpunkt, die auf diese Weise bis dato nur selten ins öffentliche Interesse gelangten. Wie die Angaben der Teilnehmenden bezeugen, vermittelten die Veranstaltungen Wissen und Informationen, über die sie bislang nicht verfügten.

Eine klare Handlungsempfehlung ist, mehr Begegnungsräume zu schaffen. Um es mit den Worten des Präsidenten des Zentralrats der Juden in Deutschland, Herrn Dr. Josef Schuster zu formulieren: „Es reicht nicht, über den jeweils anderen zu reden. Man muss miteinander ins Gespräch kommen. Dazu gehört, dass man die andere Seite respektiert und sich auf Augenhöhe begegnet.“[a]

Die Nutzung von Begegnungsprogrammen wie das „Meet a Jew“-Projekt des Zentralrats der Juden in Deutschland muss ausgebaut werden, um die Vielfalt der jüdischen Bevölkerung sichtbar zu machen. Pen-

a Rede von Dr. Josef Schuster beim Festakt zur Eröffnung des jüdischen Themenjahres.

dants in Bezug auf die muslimische Bevölkerung oder Paarprogramme mit jüdischen sowie muslimischen Teilnehmenden sind sehr zu befürworten.

Betroffenengruppen von Diskriminierung besser über Beratungs- und Meldemöglichkeiten informieren: Nicht nur die Vielfalt, auch Herausforderungen von deutschen Juden und Muslimen sollten stärker thematisiert werden. Die nachgewiesenen Diskriminierungserfahrungen von Juden und Muslimen müssen der Öffentlichkeit stärker sichtbar gemacht werden. Betroffene sollten – wie es bereits in vielen jüdischen Gemeinden Deutschlands praktiziert wird – Informationen zu Meldestellen und Hilfsangeboten der Opferberatung erhalten. Der Ausbau des Bundesverbands Recherche- und Informationsstelle Antisemitismus ist hierfür beispielhaft. Eine stärkere Bekanntheit der regionalen Stellen ist zu begrüßen. Ein Pendant für Muslimfeindlichkeit findet sich hierzu mit I-Report, koordiniert von CLAIM – Allianz gegen Islam- und Muslimfeindlichkeit.[1]

Prävention von Antisemitismus

Wie es die Angaben der repräsentativen Befragungen sowie andere Studien belegen, muss Antisemitismus als gesamtgesellschaftliches Problem anerkannt werden. Die Gesamtgesellschaft muss an der Prävention von Antisemitismus stärker beteiligt werden. Eine dahingehende Verantwortung darf nicht nur bei jüdischen Institutionen/Personen liegen. Nachfolgend listet Schalom Aleikum einige Handlungsmöglichkeiten auf, die aus den Studienergebnissen abgeleitet sind.

Über aktuelle Formen von Antisemitismus in Bildungseinrichtungen aufklären: Genauso wie die Befragten sieht auch Schalom Aleikum einen besonderen Handlungsbedarf im Bereich der schulischen Bildung und außerschulischen Bildungsprogramme. Ein zentrales Ergebnis der Befragungen ist, dass in der Gesamtbevölkerung ein Wissen und eine damit zusammenhängende Sensibilität im Umgang mit antisemitischen Narrativen größtenteils nicht vorhanden ist. Eine klare Handlungsempfehlung ist auch hier, eine umfangreichere und intensivere Wissensvermittlung und Sensibilisierung, vor allem im Bereich Bildung, zu betreiben. Antisemitismus muss in seiner historischen Form als jahrhundertealte Judenfeindlichkeit sichtbar gemacht werden. Aktuell findet die Beschäftigung mit Antisemitismus an Schulen vorrangig auf einer historischen Ebene statt. Dabei wird das Phänomen fast ausschließlich im Zusammenhang mit der Schoa thematisiert.[b] Antisemitismus endete aber nicht nach der Schoa, besteht weiterhin fort und ist in unterschiedlichen Erscheinungsformen im Alltag wiederzufinden, wie unsere Studien exemplarisch aufzeigen. Aktuelle Erscheinungsformen des Antisemitismus müssen aus diesem Grund in Bildungseinrichtungen ebenfalls thematisiert werden.

Schalom Aleikum nahm die Impulse aus seinen Studien bereits 2021 auf und stellte das Jahr unter das Thema der Bildung. Im April kamen so jüdische und muslimische junge Erwachsene zu einem gemeinsamen Workshop zusammen. Die Jahresveranstaltung von 2021 sowie der vierte Band der Schalom Aleikum Reihe, „Goodbye Hate", gab Bildungsakteurinnen und -akteuren der Antisemitismusbekämpfung eine Bühne.[2]

Antisemitismus als gesamtgesellschaftliches Problem auf der politischen Ebene betonen und systematisch bekämpfen: Wie es die Ergebnisse zeigten, wird Antisemitismus von am jüdisch-muslimischen Dialog Interessierten nicht unter den drängendsten gesellschaftlichen Problemen eingestuft. Dem steht entgegen, dass antisemitische Vorfälle selbst wahrgenommen und beachtet werden. Eine generelle Handlungsempfehlung in dieser Hinsicht wäre, nicht nur antisemitische Ereignisse, sondern auch das Phänomen an sich als zentrales gesellschaftliches Problem auf der politischen Ebene zu betonen und systematisch anzugehen. Antisemitische Muster und Deutungsweisen durchziehen die gesamte Gesellschaft. Sich ansonsten widerstrebende politische Bewegungen finden über

b Der Begriff „Schoa" bezeichnet den Massenmord an Jüdinnen und Juden durch das nationalsozialistische Deutschland.

sie zueinander. Nachweislich ist er sehr anschlussfähig an andere Formen gruppenbezogener Menschenfeindlichkeit, befördert diese und wird somit nicht nur für Juden zum Problem.

Schulische Lehrkräfte für Antisemitismus (auch in Form von Verschwörungsmythen und israelbezogenem Antisemitismus) sensibilisieren: Wie es die Lehrerbefragung aus dem Jahr 2019 zeigte, müssen insbesondere Lehrkräfte für Antisemitismus sensibilisiert werden, auch um Antisemitismus bzw. antisemitische Äußerungen erkennen zu können. Eine besondere Stellung nehmen hierbei verdeckte Formen von Antisemitismus ein, z.B. Verschwörungsmythen und israelbezogener Antisemitismus. Wie es die Erhebungen zeigten, sind diese Formen dominant, auch unter Personen, die ansonsten angeben, nichts gegen Juden zu haben. Eine dahingehende Sensibilisierung hat einen hohen Handlungsbedarf.

Die Themenbereiche Judentum und Islam stärker in die Lehrpläne aufnehmen sowie zeitlich bis in die Gegenwart behandeln: Wie bereits angemerkt, begünstigt der geringe Kontakt zu Juden und Muslimen negative Einschätzungen dieser Gruppen in der Mehrheitsgesellschaft. Im schulischen Rahmen kann dem schon über eine generelle Wissensvermittlung ansatzweise entgegengewirkt werden. Eine klare Handlungsempfehlung ist es, die Bereiche Judentum und Islam noch stärker in die Lehrpläne aufzunehmen. Die Gemeinschaften sollten nicht nur losgelöst als Religionen betrachtet, sondern in ihrer historischen Entwicklung bis in die Gegenwart besehen werden. Auch hier ist die Nutzung von Dialog- und Bildungsprogrammen mit Juden und Muslimen zentral. Das aktuelle jüdische Leben muss zudem sichtbar gemacht, seine Diversität aufgezeigt und klischeehafte Darstellungen vermieden werden. Es gilt, die gesamte Gesellschaft über die Vielfalt jüdischen Lebens nach dem Zweiten Weltkrieg in Deutschland zu informieren und für die Probleme dieser Gemeinschaft zu sensibilisieren. Der Zentralrat der Juden in Deutschland leistet durch eine Kooperation mit der Kultusministerkonferenz zur Anpassung von Lehrplänen dahingehend eine zentrale Grundlagenarbeit.[c] Hier ergeben sich viele Kooperationsmöglichkeiten für Initiativen, Institutionen und gesellschaftliche Akteure, aus der muslimischen Gemeinschaft und auch anderen Minderheiten.

Antisemitismus unter Muslimen

Wie die Ergebnisse insbesondere der Befragung beim Gemeindetag der Juden in Deutschland zeigen, sind jüdische Befragte vorwiegend über einen Antisemitismus unter Muslimen besorgt. Schalom Aleikum ist seit seiner Gründung ein Weg, diesen Sorgen zu begegnen und auf vielen Handlungsebenen an der Lösung der Probleme mitzuwirken.

Forschung zu antisemitischen Einstellungen unter Muslimen intensivieren: Die Ergebnisse der Studien zeigen auf, dass es dahingehend insbesondere in der Forschung einen erhöhten Handlungsbedarf gibt. Es muss gezielter untersucht werden, welche Umstände die Bildung und Erhaltung antisemitischer Einstellungen unter Muslimen begünstigen. Dahingehend ist insbesondere die Rezeption des Nahostkonflikts in Deutschland systematischer zu beleuchten.

Forschung zur Rezeption des Nahostkonflikts in Deutschland ausbauen: Die Trigger-Wirkung des Konfliktes muss zudem nicht nur innerhalb der muslimischen Gemeinschaften untersucht werden, sondern in der gesamten Gesellschaft. Dabei ist der Frage nachzugehen, inwiefern das gesellschaftliche Umfeld Formen des israelbezogenen Antisemitismus toleriert, wenn nicht sogar befördert.

c Beispielhaft hierfür ist die vom Zentralrat der Juden in Deutschland und der Kultusministerkonferenz am 8. Dezember 2016 verabschiedete „Gemeinsame Erklärung zur Vermittlung jüdischer Geschichte, Religion und Kultur in der Schule". Diese Erklärung hat das Ziel, im schulischen Alltag die Vielfältigkeit des Judentums sichtbar zu machen. Hierfür kooperieren beide Institutionen bei der Erstellung einer Materialsammlung, die Lehrkräfte bei der Vermittlung der Thematik unterstützen soll. Zum Themenfeld „Antisemitismus" haben der Zentralrat der Juden in Deutschland, die Bund-Länder-Kommission der Antisemitismusbeauftragten und die Kultusministerkonferenz am 10. Juni 2021 unter dem Titel „Gemeinsame Empfehlung zum Umgang mit Antisemitismus in der Schule" einen weiteren Text verabschiedet, der eine Orientierung über die verschiedenen Formen des Antisemitismus gibt, ihn in seiner Wirkung beschreibt und Maßnahmen der Prävention und Intervention aufzeigt.

Internet als Ort von Straftaten und Diskriminierungen ernst nehmen: In sozialen Medien kommen die meisten Diskriminierungserfahrungen vor und sie sind eine der größten Ressourcen zur Information über jüdisches und muslimisches Leben. Zugleich spielt sich ein großer Anteil antisemitischer Übergriffe im Internet ab. Die zeitlichen Geschehnisse von im Internet radikalisierten Einzeltätern, wie im Fall von Stephan B., dem Attentäter des Anschlags von Halle im Oktober 2019, zeigen, dass diese Personen ihre Ideologie in Handlungen in der physischen Welt übertragen. Mehrere Initiativen versuchen gerade Maßnahmen zu entwickeln, antisemitische Übergriffe im Internet besser aufzuspüren und dem entgegenzuwirken.[d] Die hier dargestellten Ergebnisse verdeutlichen die dahingehende Dringlichkeit dieser Unterfangen. Wie die Lehrerbefragung zeigte, findet im Schulunterricht überwiegend keine Auseinandersetzung mit Hassrede statt. Hier gilt es, in Zukunft mehr auf den Aufbau einer entsprechenden Medienkompetenz zu setzen. So können Jugendliche und junge Erwachsene – als intensive Nutzerinnen und Nutzer von Social-Media-Plattformen – besser antisemitische Inhalte erkennen und einordnen.

Zusammenarbeit zur Bekämpfung von Antisemitismus auf Social-Media-Plattformen stärken: Aus den Beobachtungen zu einer wachsenden Bedeutung internetbasierter Informationskanäle als Wissensressourcen sollte die digitale Welt als Handlungsebene für antisemitische Straftaten ernst genommen werden. Auch die Betreiber von Social-Media-Plattformen intensivieren ihr Bemühen, dahingehende Schritte zu unternehmen. Eine Handlungsempfehlung besteht hierin, Synergien und Formen der Zusammenarbeit zu finden. Staatliche Akteure wie die Polizei sollten auch hier stärker für solche antisemitischen Phänomene sensibilisiert werden, um notwendige Maßnahmen der Strafverfolgung einleiten zu können.

Intensivere Extremismus- und Präventionsforschung zu Anhängern und Sympathisanten der Alternative für Deutschland: Die Beobachtung der Alternative für Deutschland durch das Bundesamt für Verfassungsschutz ist richtig und wichtig. Die Extremismus- und Präventionsforschung sollte einen Fokus darauf werfen, weshalb sich ausgerechnet in dieser Partei Anhänger gruppenbezogener Menschenfeindlichkeit versammeln und welche Maßnahmen dagegen ergriffen werden können.

Ausblick

In zweieinhalb Jahren sozialwissenschaftlicher Forschung erhielt Schalom Aleikum viele neue Impulse für den jüdisch-muslimischen Dialog und darüber hinaus. Das Projekt ist auch die erste Instanz, welche Ergebnisse dieser Forschung direkt in ihr eigenes dialogisches Handeln einbringt. Eine solche methodische Vorgehensweise wäre auch das Anliegen in einer möglichen Zukunft von „Schalom Aleikum". Die sozialwissenschaftliche Forschung diente in der ersten Projektphase (2019–2021) primär dazu, Bedürfnisse in Bezug auf die Bereiche des Wissens um Juden und Muslime, Diskriminierungserfahrungen, Antisemitismus und jüdisch-muslimischen Dialog auszuloten.

Am Ende bleibt ein Appell auch an die neugebildete Bundesregierung, diese Impulse möglichst ins politische Handeln aufzunehmen.

d Hier sind u. a. für den deutschsprachigen Raum beispielsweise das Projekt „Decoding Antisemitism. Digitalen Hass mit Künstlicher Intelligenz bekämpfen" zu erwähnen, das von der Alfred Landecker Foundation gefördert und vom Zentrum für Antisemitismusforschung der Technischen Universität Berlin umgesetzt wird. Im englischsprachigen Bereich startete die Anti-Defamation League 2018 mit dem „Online Hate Index", der künstliche Intelligenz zur Erkennung von Hassrede im Internet nutzt.

1 https://www.i-report.eu/.

2 Goodbye Hate! Bildungsakteurinnen und -akteure gegen Antisemitismus. Leipzig: Hentrich & Hentrich, 2021.

Literaturverzeichnis

Antisemitische Verschwörungsmythen in Zeiten der Coronapandemie. Das Beispiel Qanon. Erstellt vom Bundesverband Recherche- und Informationsstelle Antisemitismus (RIAS) E.V. Im Auftrag des American Jewish Committee Berlin Ramer Institute. Berlin 2021.

Bergmann, Werner, Ulrich Wyrwa. ***Antisemitismus in Zentraleuropa: Deutschland, Österreich und die Schweiz. Vom 18. Jahrhundert bis zur Gegenwart***. Darmstadt: WBG (Wissenschaftliche Buchgesellschaft), 2011.

Bernstein, Julia. ***Antisemitismus an Schulen in Deutschland: Befunde – Analysen – Handlungsoptionen.*** Weinheim: Beltz Juventa, 2020.

Colak, Seda, Oleg Pronitschew. „Gemeinschaftsposition und Identitätsbildung bei jüdischen und muslimischen jungen Erwachsenen." In: ***Gehört Werden. Jüdische und muslimische Junge Erwachsene im Gespräch***, S. 16–23. Leipzig: Hentrich & Hentrich, 2020.

Gemeindebarometer. Ergebnisse einer Befragung unter Jüdinnen und Juden in Deutschland. Berlin: Zentralrat der Juden in Deutschland, 2020.

Goodbye Hate! Bildungsakteurinnen und -akteure gegen Antisemitismus. Leipzig: Hentrich & Hentrich, 2021.

DellaPergola, Sergio. „World Jewish Population, 2019". In: ***American Jewish Year Book***, 2020, 263–353.

Güllner, Manfred, Lars H. Schmitt. „Innovation in der Markt- und Sozialforschung: Das forsa.omninet-Panel." In: ***Sozialwissenschaften und Berufspraxis*** 27(1), 2004, S. 11–22. https://www.ssoar.info/ssoar/bitstream/handle/document/3820/ssoar-sub-2004-1-gullner_et_al-innovation_in_der_markt-_und.pdf?sequence=1&isAllowed=y&lnkname=ssoar-sub-2004-1-gullner_et_al-innovation_in_der_markt-_und.pdf.

Hößl, Stefan E. „Antisemitismus unter ‚MuslimInnen'!? Verhältnisbestimmungen im Spannungsfeld von antimuslimischem Rassismus und De-Thematisierungen". In: Killguss, Hans-Peter, Marcus Meier, Sebastian Werner. ***Bildungsarbeit gegen Antisemitismus. Grundlagen, Methoden & Übungen***, Frankfurt: Wochenschau Verlag, 2020, 178–193.

Jacob, Rüdiger, Andreas Heinz, Décieux Jean Philippe. ***Umfrage. Einführung in die Methoden der Umfrageforschung.*** 3. Auflage. München: Oldenbourg Verlag, 2013.

Klinkhammer, Gritt Maria. ***Interreligiöse und interkulturelle Dialoge mit MuslimInnen in Deutschland: Eine quantitative und qualitative Studie***. Universität Bremen, 2011.

Pfündel, Katrin. ***Muslimisches Leben in Deutschland 2020: Studie im Auftrag der Deutschen Islam Konferenz***. Nürnberg: Bundesamt für Migration und Flüchtlinge, 2021.

Pickel, Gert, Yasemin el-Menouar. ***Weltanschauliche Vielfalt und Demokratie. Wie sich religiöse Pluralität auf die politische Kultur auswirkt.*** Bertelsmann Stiftung, 2019.

Schnell, Rainer, Paul Bernhard Hill, Elke Esser. ***Methoden der empirischen Sozialforschung***. 11. Auflage. Berlin: De Gruyter Oldenbourg, 2018.

Steinke, Ronen. ***Terror gegen Juden: Wie antisemitische Gewalt erstarkt und der Staat versagt: Eine Anklage***. Berlin: Berlin Verlag, 2020.

Zeigerer, Larissa. „Jüdisch-Muslimischer Dialog – Ein kurzer Einblick in ein dynamisches Feld." In: De Boor, Rachel, Sonya Ouertani, Hakan Tosuner, Jo Frank. ***„Und endlich konnten wir reden ..." Eine Handreichung zu jüdisch-muslimischem Dialog in der Praxis***, Freiburg i. Br.: Herder, 2020. S. 30–37.

Zick, Andreas, Küpper Beate, Sabine Achour. ***Die Geforderte Mitte: Rechtsextreme und Demokratiegefährdende Einstellungen in Deutschland 2020/21***. Bonn: Dietz, 2021.

Abbildungsverzeichnis